生活法律漫談
L Law about Life

生活法律

Q&A

您有許多生活上的法律問題嗎？

例如——

如何辦理夫妻分別財產制登記？

怎麼要回被欠的錢？

身分證掉了怎麼辦？

Don't worry…

就讓這本書為您一一解答吧！

劉昌崙　著

三民書局

國家圖書館出版品預行編目資料

生活法律Q&A / 劉昌崙著.－－初版一刷.－－臺
北市: 三民，2005
　　面；　　公分.－－(生活法律漫談)

ISBN 957-14-4261-5　(平裝)

1.法律－中國－問題集

582.18022　　　　　　　　　　　　94004952

網路書店位址　http://www.sanmin.com.tw

© 生活法律 Q&A

著作人	劉昌崙
發行人	劉振強
著作財產權人	三民書局股份有限公司 臺北市復興北路386號
發行所	三民書局股份有限公司 地址／臺北市復興北路386號 電話／(02)25006600 郵撥／0009998-5
印刷所	三民書局股份有限公司
門市部	復北店／臺北市復興北路386號 重南店／臺北市重慶南路一段61號

初版一刷　2005年5月
編　號　S 585400
基本定價　參元捌角
行政院新聞局登記證局版臺業字第○二○○號

序 言

　　多元化的社會，各種商業機制的蓬勃發展，唯一不變應萬變的乃是法律，法律規定是社會安定發展的準繩，但是法律的應用與適用仍是靈活的而非硬梆梆，本書乃透過各種實例方式，深入淺出，以祈讀者能完全吸收，並在戰鬥的社會中對於各種方式的挑戰，均能應付自如。熟讀本書進而在法律的角度上立於不敗之地，退可防身，避免遭受法律的陷害。感謝好友林聖彬律師、陳郁仁律師及洪瑞悅律師的幫忙整理，並感謝助理林怡成、王惠玲、魏敏如的校正。

劉　昌　崙

序于臺北

＊本書引述之刑法條文係依民國九十四年一月七日立法院三讀修正通過、於九十五年七月一日施行之條文；非訟事件法條文係依民國九十四年二月五日總統公布、於同年八月五日施行之條文，特此註明。

目次

序 言

刑事責任編

民事責任編

家事關係編

勞資關係編

行政管理編

刑事責任編

面對五花八門的詐騙手法，如何防範？

詐騙集團的騙財方式有哪些？對於這些五花八門的詐騙手法，我們又要如何自我防範呢？

詐騙集團的詐騙手法，果然是一直翻新的，而且方法多變，五花八門。

一開始，詐騙集團是利用寄發「中獎通知」、「刮刮樂」等等的信件來詐騙，在你所收到的信件中，會告訴你：你中獎啦！可是，如果你仔細查證信件裡所寫的地址或電話，就可以發現，地址不是公司所在地，電話是層層轉接的！

甚至，詐騙集團會在你跟對方聯絡後，在你所講的帳戶內存入一筆大額的「支票」，你一查，以為那筆錢真的已經匯進來了，就應對方的要求，把自己戶頭的錢（現金）匯出去給詐騙集團。

請注意：雖然你的戶頭有「支票」軋進來，但，第一，那是支票，不是現金，有支票匯進戶頭內，不等於支票已經兌現成現金了喔！第二，那張支票，根本就是空頭支票，或是不會被兌現的支票！因為存進來的支票要經過三到七天後，才能確定那張支票有沒有被兌現，所以，千萬別以為有支票進入戶頭，就等於有

現金匯進戶頭，然後，就把幾十萬的現金匯出去給詐騙集團。

　　後來，因為手機的使用率、普及率、和便利性遠遠優於其他被一般人使用的器材，因此，詐騙集團最常利用手機發放各類假簡訊，來誘騙一般民眾上當，藉以詐騙金錢。而這種手機詐騙簡訊的內容常常改變，而且一再翻新：最早開始，是手機發出「中獎通知」的簡訊，告訴你，你中獎囉，請你回電××××××號碼，一旦你相信了，打了電話過去，對方就會一番花言巧語，並且要你依照他們所指示的方法，將你戶頭內的錢轉帳出去，而這些錢，一去便不會回!!

　　後來，又出現「退稅通知」的簡訊，當然，在簡訊中告訴你，你可以退稅喔，請你打電話到××××××號碼辦理退稅，一旦你又相信了，打了電話過去查證，對方也會自稱是退稅機關，也跟你一番花言巧語，要你依照他們所指示的方法，在你銀行的戶頭內辦理退稅，問題是，你的金融卡只能轉錢出去，是不能轉錢進來的，別人如果要退稅給你，當然是要用他們的戶頭轉過來，怎麼會是用你的戶頭轉帳出去呢？所以囉，這些錢一旦轉出去，當然也回不來了!!

　　另外，還有詐騙集團假裝為銀行，發出「金融卡緊急通知」的簡訊，並且在「緊急通知」的簡訊中，詐騙集團假冒銀行的名義，發出簡訊在你的手機裡，簡訊的內容則可能寫著「緊急通知：親愛的客戶：您好！由於您本身持有的金融卡、現金卡，資料疑似遭外洩！請速撥金融風險部××××××（電話號碼）某科長，確認身分，以保障權益」，當然，如果你相信了，又打電話過去查

證，對方就會自稱是銀行，然後騙取你的金融卡號碼、密碼等個人機密資料。

請注意囉！遇到上述這些五花八門的騙財簡訊，一定要小心並且多方查證！當然，也許最好的方法，是收到這些簡訊的時候，根本不去理會！也不打電話與詐騙集團聯絡，因為，當你會回打電話過去時，正表示你是有點相信的，此時，你的心情很容易被詐騙集團的花言巧語誘騙！而詐騙集團詐騙的方式，一定會一直改變，不過都是利用人性貪婪的弱點來讓大家上當，只要大家好好想想，金錢是不會無緣無故在你什麼都沒做的前提下，就從天上掉下來的！別讓你辛辛苦苦賺到的錢輕易被別人騙走喔！

 **參考法條**

刑法第三百三十九條

故意幫他人刊登援交訊息，會被處罰嗎？

　　小美跟她的舅媽一向處得不好，某天，小美跟她的舅媽因為某件事情意見不合，又大吵一架，小美懷恨在心，於是在上網後，竟然在某個網站以她舅媽的名義，留下援交的訊息，表示要尋找援交對象。小美這樣的行為，是違法的嗎？會被如何處罰？

　　小美跟她的舅媽相處一向不好，只因為小美心中有氣，竟然在網路上代為刊登她舅媽的名字，並刊登了想援交的訊息，還留下舅媽的電話，小美在網站公開別人電話以及個人資料，並且偽稱他人想尋找援助交際的行為，可能觸犯刑法第三百十條的誹謗罪。依照刑法第三百十條的規定，如果你是在有意讓一般人都可以知道的情況下，講了或做了足以讓別人名譽受損的事情的話，就會構成誹謗罪。而且，如果你不單只是講了或做了足以讓別人名譽受損的事情，你還是用文字或圖畫的方式來講述或宣傳足以讓別人名譽受損的事情的話，還構成加重誹謗罪。

　　在這個案例中，小美故意在網路上散布舅媽想要援助交際的訊息，已經觸犯刑法的誹謗罪。即使小美是以匿名的方式刊登這些訊息，在檢警皆有專人負責偵查電腦犯罪的情況下，找出這些

匿名刊登消息的人，並不是件難事，小美以為她以匿名的方式刊登這些訊息，別人就不知道是她寫的，這種想法，顯然是錯了！至於在民事責任上，小美在網路上以舅媽的名義散布不實的援交訊息，已經不法侵害了小美舅媽的名譽，雖然小美的舅媽並未因此支出金錢而構成財產上的損害，但是，顯然小美的舅媽在精神上將因此受到打擊或相當大的痛苦，這時候，凡是名譽上被別人損害的人，可以依民法第一百九十五條的規定，對小美請求精神上的損害賠償，而且，小美不只要對她舅媽精神上的痛苦予以賠償外，還可能要負責去回復她舅媽的名譽，例如登報道歉。

　　所以，如果在網路上隨便散布不實的消息，不但會面對刑法的處罰，也要負責民事賠償喔。網路上的留言或文字的刊登固然可以以匿名的方式為之，但是，如果利用網路電子郵件、留言板、新聞群組及 BBS 站任意刊登會使他人名譽受損的文字內容，且誤以為在這樣的情形下就不會被發現或處罰，都是錯誤的想法。

　　網路上的行為並不是無法可罰的，而是可能會觸犯妨害名譽、妨害秘密等罪的行為，同時也會構成民事上的賠償，請大家一定要戒之在心。

 **參考法條**

　　刑法第三百十條，民法第一百九十五條

故意衝撞總統府，觸犯了什麼法律規定？

某日深夜，某甲駕駛自用小客車衝撞總統府，第二天上午，某甲被移送地檢署由檢察官進行偵訊。檢察官偵訊後，認為某甲有妨害公務罪嫌，諭令某甲交保候傳。請問，某甲衝撞總統府，觸犯了什麼法律規定？

刑法第一百三十五條規定，對於公務員依法執行職務時，施強暴脅迫者，可以處三年以下有期徒刑、拘役或三百元以下罰金。刑法第一百三十八條又規定，如果損壞公務員職務上掌管、或委託第三人掌管的物品，或使這個物品不堪使用的話，可以處五年以下的有期徒刑。

在本事件中，某甲如果是故意開車衝撞總統府，或是其他的政府機關，是不是觸犯刑法第一百三十五條的妨害公務罪，似乎有討論的空間。因為不管是某甲或是其他人如果開車衝撞總統府或其他機關，如果他的目標是在於建築物，而不是建築物裡面的公務員或是建築物外面的警衛，所以這樣的行為，應該不算是刑法第一百三十五條所規定的「對於執行職務的公務員施以強暴或脅迫」的行為，所以應該還不到觸犯刑法第一百三十五條的程度（當然，如果開車衝撞總統府或其他機關的同時，還造成人員的

傷亡，另外會構成故意傷人、或殺人罪、或過失傷害（致死）等罪）。那麼，開車衝撞總統府或其他機關，是不是會觸犯刑法第一百三十八條「損壞公務員職務上掌管、或委託第三人掌管的物品，或致使這個物品不堪使用」的罪行呢？

　　刑法第二十五條規定：「已著手於犯罪行為之實行而不遂者，為未遂犯。未遂犯之處罰，以有特別規定者為限，並得按既遂犯之刑減輕之。」第十二條又規定：「行為非出於故意或過失者，不罰。過失行為之處罰，以有特別規定者，為限。」而刑法第一百三十八條的規定既未處罰過失犯，也不處罰未遂犯，所以，只有「故意」而且已經「既遂」的行為，才能依刑法第一百三十八條的規定加以處罰。開車衝撞總統府或其他機關，如果並未造成總統府任何設備的毀損或因此不堪使用的程度，應該仍屬於未遂的階段，所以，可能還不會觸犯刑法第一百三十八條的罪名。

　　雖然刑法第三百五十三條另外規定：「毀壞他人建築物或致令不堪用者，處六月以上五年以下有期徒刑。」不過因為在本例中，某甲縱然有衝撞總統府的故意，因為他的行為仍然僅達於未遂階段，所以仍不成立刑法第三百五十三條的罪名。如果某甲是不小心駕車失控而撞上總統府，因為毀損罪並不處罰過失的行為，所以應該也不致於成立毀損罪了。

參考法條

　　刑法第十二條、第二十五條、第一百三十五條、第一百三十八條、第三百五十三條

遺棄屍體該如何處罰?

　　某日在南投水里鄉發現 2 具屍體,後來證實是來臺非法打工的外勞。警方調查後發現,這 2 名外勞是在山區工地摔死,雇主為了逃避刑責,才把屍體移到鄉區橋下棄屍。小貨車上發現 2 具簡易擔架,以及一只安全索。雇主非法僱用外勞,為了逃避責任,竟然將屍體隨意棄置,行為實令人髮指。

　　刑法第二百七十六條規定:「因過失致人於死者,處二年以下有期徒刑、拘役或二千元以下罰金。從事業務之人,因業務上之過失犯前項之罪者,處五年以下有期徒刑或拘役,得併科三千元以下罰金。」在本案例中,如果這兩名外勞是因為雇主所設置的安全索有問題,沒有發揮功用,導致該兩名外勞因不慎而自高處摔死,那麼安全索的未發揮作用,與該兩名外勞的死亡間,就有因果關係,雇主就應負起過失致人於死的責任。

　　其次,刑法第二百四十七條規定:「損壞、遺棄、污辱或盜取屍體者,處六月以上五年以下有期徒刑。損壞、遺棄或盜取遺骨、遺髮、殮物或火葬之遺灰者,處五年以下有期徒刑。前二項之未遂犯罰之。」

　　由上面的分析可以知道,成立遺棄屍體罪的要件之一,是行

為人有積極的搬運屍體的行為，而且在搬運後，任意棄置而不顧。在本案例中，這名雇主如果是用擔架將這兩名外勞的屍體運到鄉區橋下棄置，應該已經構成遺棄屍體罪，但是，殺人或過失致人於死後，再去遺棄屍體的話，如果只是單純把屍體棄置在原地而沒有將屍體加以移動的話，除非行為人依法有將遺體埋葬入殮的義務外，否則，行為人就算是一去不返，將屍體棄而不顧，仍然不構成遺棄屍體罪。因為法院曾有見解認為，殺人或是過失致人於死後的遺棄屍體的行為，除了是為了湮滅犯罪證據的目的而遺棄屍體外，不能認為遺棄行為是殺人或過失致死的結果。例如，行為人殺人或過失致人於死後，因死者生前與人有過節，乃起意將屍體遺棄在他人門口，而企圖嫁禍他人，此遺棄屍體行為另有其目的，而與殺人或過失致死後，為湮滅罪證而為遺棄的情形不同，所以殺人或過失致死，與遺棄屍體兩行為間，都要獨立的論罪加以處罰。

相反的，行為人的遺棄屍體，如果是為了湮滅罪證者，那麼這種遺棄屍體的行為就屬於殺人或過失致人於死的結果，雖然應成立兩個罪名，但刑法第五十五條規定，行為人一個行為而觸犯兩個以上的罪的話，從一重罪來處罰。

因此，本案例中的雇主如果是為了湮滅其過失致人於死的罪證，而將該兩名外勞的屍體移至橋下棄置者，自然應依刑法第五十五條規定，而以較重的遺棄屍體罪即可。

參考法條

刑法第五十五條、第二百四十七條、第二百七十六條

騷擾派出所！該當何罪？

某縣市之警員因信用卡刷爆，銀行委託的討債公司派人輪番打電話到派出所催債，要債之人口氣很差，不僅說「你們警察欠錢就可以不用還啊？」有時甚至連髒話都出籠，讓接到電話的其他警員難以接受。警方調出通聯紀錄，查出發話者，並打算追究打電話的人妨害公務的刑責。

按刑法第一百三十五條規定：「對於公務員依法執行職務時，施強暴脅迫者，處三年以下有期徒刑、拘役或三百元以下罰金。意圖使公務員執行一定之職務或妨害其依法執行一定之職務或使公務員辭職，而施強暴脅迫者，亦同。犯前二項之罪，因而致公務員於死者，處無期徒刑或七年以上有期徒刑。致重傷者，處三年以上十年以下有期徒刑。」刑法第一百四十條規定：「於公務員依法執行職務時，當場侮辱，或對於其依法執行之職務公然侮辱者，處六月以下有期徒刑、拘役或一百元以下罰金。對於公署公然侮辱者，亦同。」

刑法第一百三十五條所規定的妨害公務罪，是以行為人實施強暴或脅迫為其手段要件，所以，如果行為人沒有用強暴或脅迫

的方式，而是單純以電話騷擾行政機關或公務員者，似乎尚不構成妨害公務罪。而且，刑法第一百四十條的條文中有「侮辱」的字句，所謂「侮辱」，必須有輕蔑、看不起的意思，所以，如果有人以侮辱公務員或行政機關的方式，來達成妨害公務的目的者，就要看這個人的言語或動作在一般人的觀念下，有沒有輕視該公務員或行政機關的意思。

在這個案例中，打電話來討債的人對員警說「你們警察欠錢就可以不用還啊?」單就這句話來講，按照一般的社會觀念，似乎還不認為講這種話的人有任何的輕視或看不起的意思，或許只是一種質疑，所以，單就這句話來看，講這句話的人似乎還不構成侮辱公務員及公署罪。但是，討債的人如果對警員罵髒話，而警員如果是在執行勤務中的話，可能就會構成刑法第一百四十條的妨害公務罪。

刑法第三百四十六條規定：「意圖為自己或第三人不法之所有，以恐嚇使人將本人或第三人之物交付者，處六月以上五年以下有期徒刑，得併科一千元以下罰金。以前項方法得財產上不法之利益，或使第三人得之者，亦同。前二項之未遂犯罰之。」在一般人間的討債事件，雖然沒有妨害公務的問題，但是，如果出言恐嚇，仍然有可能會有觸犯恐嚇取財得利罪的問題。

 **參考法條**

　　刑法第一百三十五條、第一百四十條、第三百四十六條

竊聽他人電話，得知婚外情後，威脅他人

某男經營地下錢莊，為了逼某女還錢，遂暗中竊聽某女家電話，並且在竊聽的過程中，意外得知某女有婚外情，某男遂以錄音帶威脅某女還錢，某女隨即報警偵辦，檢方依重利罪嫌將該名男子起訴。

刑法第三百四十四條規定：「乘他人急迫、輕率或無經驗貸以金錢或其他物品，而取得與原本顯不相當之重利者，處一年以下有期徒刑、拘役或科或併科一千元以下罰金。」因此，刑法第三百四十四條所規定的重利罪，它的成立要件，必須要行為人明知道別人有急迫、輕率或無經驗的情形，而利用這個機會，特地放貸金錢給別人，而且，行為人因此所取得的利息，如果對比一般利率等情形來計算，顯然是特別得高的話，那麼這個行為人的行為，就觸犯了刑法的重利罪。舉個例子，如果本案例中某男借錢給某女四十萬元，約定月息達十八分，也就是年利率達百分之二百十六，那麼，某男借錢給某女的利息，已經超過民法所規定的年利率百分之二十的限制，依照現在社會一般交易習慣來看，某男借錢給人所算的利息，顯然已經特別得高而且不合理，所以某男子

放款借貸的行為，就可能會構成刑法第三百四十四條的重利罪。

刑法第三百十五條之一規定：「有左列行為之一者，處三年以下有期徒刑、拘役或三萬元以下罰金：一、無故利用工具或設備窺視、竊聽他人非公開之活動、言論、談話或身體隱私部位者。二、無故以錄音、照相、錄影或電磁紀錄竊錄他人非公開之活動、言論、談話或身體隱私部位者。」第三百十五條之二規定：「意圖營利供給場所、工具或設備，便利他人為前條第一項之行為者，處五年以下有期徒刑、拘役或科或併科五萬元以下罰金。意圖散布、播送、販賣而有前條第二款之行為者，亦同。……」在本案例中，某男竊聽某女電話的目的，雖然是在逼迫某女還錢，但是這個目的並不能正當化某男的竊聽行為，所以某男的行為仍然屬於「無故」竊聽他人非公開的談話，而且某男還進一步將竊聽來的對話錄成錄音帶，應該成立利用工具竊聽罪。如果有散布、播送或販賣他人的意圖，而將竊聽來的內容錄成錄音帶的話，還成立較重的散布竊錄內容罪。

刑法第三百四十六條規定：「意圖為自己或第三人不法之所有，以恐嚇使人將本人或第三人之物交付者，處六月以上五年以下有期徒刑，得併科一千元以下罰金。以前項方法得財產上不法之利益，或使第三人得之者，亦同。前二項之未遂犯罰之。」在本案例中，某男雖然是基於逼迫某女還錢的目的，而竊聽、竊錄某女非公開的談話內容，某男的目的雖有正當性，但是某男的行為、手段顯然是違法的，而且某男的行為目的與手段之間，也不具有合理關聯性，所以某男以此婚外情的錄音帶威脅該某女還錢，某

男的行為仍然構成恐嚇取財罪，不過因為某男還沒有取得財物就被警方逮捕，所以還只是本罪的未遂犯。

參考法條

　　刑法第三百十五條之一、第三百十五條之二、第三百四十四條、第三百四十六條

倒會的行為，算是詐欺嗎？

某女因個人財務管理不善，以會腳名義冒標互助會，涉嫌詐欺，地檢署將全案偵查終結後，將某女依詐欺、偽造文書等罪嫌提起公訴。

在景氣不好的時候，便會時常聽聞倒會的事情，而因為倒會所引起的民、刑事案件，也因此層出不窮。

單純的倒會行為，在法律上來說，有點像是「欠錢不還」，而單純的「欠錢不還」，並不算是違法的行為，因此，單純的倒會行為，也不會觸犯刑事詐欺罪，而僅僅是一般的民事債務案件，既然倒會不是詐欺行為，被倒會的民眾原則上是不應該提出刑事告訴的，而只能依據民法的相關規定，對倒會的人提出民事訴訟。

我國民法原來沒有對「合會」有所規定，但因應「合會」在我們的生活中漸趨頻繁，以至於倒會的事件也逐漸層出不窮，我國民法遂在九十一年六月二十六日，自民法第七百零九條之一至民法第七百零九條之九，增設「合會」的章節規定。

不過，因為刑法第三百三十九條規定：「意圖為自己或第三人不法之所有，以詐術使人將本人或第三人之物交付者，處五年以

下有期徒刑、拘役或科或併科一千元以下罰金。」所以，通常被倒會的人都會主張：倒會的人是（一開始就有意騙取錢財而）故意倒會的，因此告上刑事法庭，控告對方詐欺。但是，在法律的評價上，除非有積極的證據，否則，單純的倒會這一件事，很難說是有「行使詐術」之意思及行為，也就是說，很難說倒會就是詐欺。

不過，刑法第二百十條規定：「偽造、變造私文書，足以生損害於公眾或他人者，處五年以下有期徒刑」，因此，在倒會的事件當中，如果出現「冒名投標」或「偽造標單」的事情的話，這時候，「冒名投標」或「偽造標單」的部分，就有可能會觸犯刑法上的偽造文書罪，如果被冒標的人因此提出刑事告訴的話，「冒名投標」或「偽造標單」的人就可能有刑事責任了。

同時，倒會的人如果是以「冒名投標」或「偽造標單」的方式標得會款之後，再捲款潛逃，除了「冒名投標」或「偽造標單」的部分有可能會觸犯刑法上的偽造文書罪外，一開始就企圖以「冒名投標」或「偽造標單」的方式標得會款的行為，是有可能會因此觸犯刑法第三百三十九條的詐欺罪喔！

參考法條

刑法第二百十條、第三百三十九條，民法第七百零九條之一至第七百零九條之九

騎單車撞死人

　　某男子在馬路上騎腳踏車，為了閃避路旁並排停車，卻未注意腳踏車前方恰好有行人正準備違規穿越道路，因快速行駛以致煞車不及，撞死前方一名違規穿越道路的行人。法院認為，被害人違規沒有走行人穿越道過馬路，固然也是車禍肇事原因，但腳踏車上路後就必須隨時注意車前狀況，並隨時採取必要安全措施，某男顯然行駛有疏忽，無法免除意外發生後該負的過失責任，而某男沒有和被害人家屬達成和解，因此依過失致死罪判處某男有期徒刑七月，並且未給緩刑。

　　首先，法院的判決顯然認為，任何人若在道路上騎腳踏車，其實就和汽、機車一樣，也必須遵守道路交通安全規則相關規定。

　　刑法第二百七十六條第一項規定：「因過失致人於死者，處二年以下有期徒刑、拘役或二千元以下罰金。」同法第十四條規定：「行為人雖非故意，但按其情節應注意，並能注意，而不注意者，為過失。行為人對於構成犯罪之事實，雖預見其能發生而確信其不發生者，以過失論。」

　　在本事例中，某男子因為騎乘腳踏車的速度過快，以至於煞

車不及，因而撞死違規穿越道路的行人，用路人依照交通相關法令的規定，上路後，須隨時注意車前狀況，並隨時採取必要安全措施，但被害人違反交通規則在先，而某男子又是為了閃避路旁並排停車，則可否逕予認定某男子對於被害人的死亡結果有過失，便有再探討的必要。

關於被害人違反交通規則部分，某男子可否主張被害人的行為已超過一般人的正常認識，而非其所能注意的範圍，所以不負過失責任？

最高法院曾有判決指出，駕駛人對於防止危險發生之相關交通法令之規定業已遵守，並盡相當之注意義務，以防止危險之發生，始可信賴他人亦能遵守交通規則並盡同等注意義務，若因此而發生交通事故，始可以信賴原則為由，免除過失責任。

因此，某男子如果想以「信賴原則」主張自己對於撞死被害人的行為，是因被害人本身之交通違規而不負過失責任者，須以某男子已遵守相關交通法令規定，並盡相當注意義務為限。

按行車速限是規定在道路交通安全規則，且僅明文規定汽、機車的行車速限（參道路交通安全規則第四章規定），並未規定腳踏車的速限，因此本例判決指出在道路上騎腳踏車，其實就和汽、機車一樣，也必須遵守道路交通安全規則相關規定而言，此規則既未規定腳踏車的行車速限，而僅規定腳踏車應遵守交通標誌、標線及號誌，如何得出上述判決的理由，便有可討論之餘地。

法院於本案中認定某男子未盡相當注意義務，則某男子固應負起過失致人於死的刑責，但法院於本案是否有科刑過重的情形呢？

依刑法第四十一條第一項規定:「犯最重本刑為五年以下有期徒刑以下之刑之罪,而受六個月以下有期徒刑或拘役之宣告者,得以一千元、二千元或三千元折算一日,易科罰金。但確因不執行所宣告之刑,難收矯正之效,或難以維持法秩序者,不在此限。」第七十四條規定:「受二年以下有期徒刑、拘役或罰金之宣告,而有下列情形之一,認以暫不執行為適當者,得宣告二年以上五年以下之緩刑,其期間自裁判確定之日起算: 一、未曾因故意犯罪受有期徒刑以上刑之宣告者。二、前因故意犯罪受有期徒刑以上刑之宣告,執行完畢或赦免後,五年以內未曾因故意犯罪受有期徒刑以上刑之宣告者。」

至於宣告刑的量定標準,則依刑法第五十七條規定:「科刑時應以行為人之責任為基礎,並審酌一切情狀,尤應注意下列事項,為科刑輕重之標準:……十、犯罪後之態度。」

實務上法院亦會參考被告是否與被害人或其家屬達成和解,判斷被告犯罪後的態度是否良好,來決定是否宣告易科罰金或緩刑。

科刑乃法官的裁量權,只要在法定刑範圍內者,法官的宣告刑自無違法可言,頂多只有適當與否的問題,因此本例某男子因未與被害人家屬達成和解,法官乃宣告其七個月有期徒刑,並不得易科罰金及緩刑,或許情理上有過重的可能,但並無違法。

參考法條

刑法第十四條、第四十一條、第五十七條、第七十四條、第二百七十六條

酒後強搶他人錢財，該重罰

　　某男酒後騎車，竟然強搶兩人新臺幣各七十五元、四十五元，法院審理後，認為某男子酒後騎車並強搶民眾金錢，危害民眾安全，對社會治安危害及被害人心理所生影響不輕。且由於某男子正值青壯，不思以己力賺取財物，反以此犯罪手段強盜他人財物，倫理觀念顯然非常薄弱，經審酌犯罪動機等情形後，某男子應執行有期徒刑五年七個月，以資懲儆。

　　刑法為維護交通安全，以防止交通事故的發生，乃於民國八十八年時增設第一百八十五條之三規定：「服用毒品、麻醉藥品、酒類或其他相類之物，不能安全駕駛動力交通工具而駕駛者，處一年以下有期徒刑、拘役或三萬元以下罰金。」

　　其中，就酒醉「不能安全駕駛」的認定，實務上是以行政命令規定，行為人呼氣後酒精濃度達〇‧五五毫克／公升以上時，屬絕對不能安全駕駛，只要達到此標準，則不考量其他因素而直接認定行為人已經無法安全駕駛。

　　如果達〇‧二五毫克／公升以上而未達〇‧五五毫克／公升者，則屬相對不能安全駕駛，此時須考量行為人其他情狀，以判

斷其安全駕駛能力是否已經喪失。

在本案例中，某男子是否已構成醉態駕駛罪，須視其行為時，身體內的酒精濃度而定，倘已達到上述標準，而在駕車前他就已經認識到其服用酒類等物品時，則應成立刑法第一百八十五條之三之罪。

刑法第三百二十八條規定：「意圖為自己或第三人不法之所有，以強暴、脅迫、藥劑、催眠術或他法，至使不能抗拒，而取他人之物或使其交付者，為強盜罪，處五年以上有期徒刑。以前項方法得財產上不法之利益或使第三人得之者，亦同。……第一項及第二項之未遂犯罰之。預備犯強盜罪者，處一年以下有期徒刑、拘役或三千元以下罰金。」

凡對於特定財物有支配力之人，以實施強暴、脅迫等方法，導致其喪失自由意思而為奪取或使其交付者，即應構成強盜罪，而且強盜行為實施中，如對被害人之身體健康有所傷害者，因本罪的構成要件已涵蓋此部分，所以不另外成立傷害罪。

至於強盜所得的財物價值為何，仍不影響本罪的成立，縱使是一張衛生紙，因行為人對於被害人實施強暴、脅迫等方法，侵害其自由意志，甚至是身體健康，因此在竊盜罪雖有「微罪不舉」的實務見解，但是在強盜罪則無適用的可能。

另外，強盜罪的成立個數，是以所強盜財物的支配人數而定，像本例一共有二人的錢財物被某男子所強搶，所以某男子在此應是成立二個強盜罪。

參考法條

刑法第一百八十五條之三、第三百二十八條

小心你拿到的是偽鈔!

　　警方破獲製造偽鈔的犯罪集團，起出千元偽鈔面額六、七百萬元，至於到底有多少偽鈔流入市面，仍有待調查……。

　　偽鈔，對於一國之社會金融秩序有極大之影響，故我國刑法將偽造貨幣、紙幣的可罰階段往前移，也就是說，不用等到行為人開始製造偽鈔的時候才加以處罰，而是只要行為人有意圖要偽造貨幣、紙幣，而因此收受器械原料的時候，就開始加以處罰。

　　刑法第一百九十九條規定：「意圖供偽造、變造通用之貨幣、紙幣、銀行券或意圖供減損通用貨幣分量之用，而製造、交付或收受各項器械原料者，處五年以下有期徒刑，得併科一千元以下罰金。」

　　不過，從法理上來分析，行為人實際所「收受」用來打算製造偽鈔的「器械原料」，在客觀上，也必須的確可以用來偽造紙幣，才足以成立刑法第一百九十九條的罪，否則，如果「行為人主觀上有惡性之表現，而實際收受者並非偽造紙幣之器械原料，即不成立該條之罪」（最高法院四十六年臺上字第九四七號判例參照）。

　　在本案例中，有犯罪集團偽造仟元面額之新臺幣，因此，已

經涉嫌觸犯刑法第一百九十五條第一項所規定的「意圖供行使之用，而偽造、變造通用之貨幣、紙幣、銀行券者，處五年以上有期徒刑，得併科五千元以下罰金」之偽造紙幣罪。

如果犯罪集團已經把偽造的偽鈔拿到市面上行使，這樣的行為，便同時又觸犯刑法第一百九十六條第一項所規定的「行使偽造、變造之通用貨幣、紙幣、銀行券，或意圖供行使之用而收集或交付於人者，處三年以上十年以下有期徒刑，得併科五千元以下罰金。」之行使偽造紙幣罪。

犯罪集團如果一方面收受偽造紙幣之器械原料，一方面又因此開始偽造紙幣，偽造好了之後又拿那些偽鈔到市面上加以行使，同時做了那麼多違法的事，要怎麼加以處罰？

法院實務上認為，「收受偽造紙幣之器械原料」為低度行為，應被「偽造紙幣」之高度行為所吸收（最高法院四十二年臺上字第四一〇號判例參照）。而「行使偽造紙幣」亦為低度行為，應被「偽造行為」所吸收（最高法院二十四年七月總會議決議參照），所以，就只論以偽造紙幣罪。

 **參考法條**

> 刑法第一百九十五條、第一百九十六條、第一百九十九條

自由心證，自不自由!？

請問，常常聽到，法官可以基於「自由心證」來審理案件或判決，請問，什麼是「自由心證」？

「自由心證」的意義，可以觀察刑事訴訟法第一百五十五條第一項的規定：「證據之證明力，由法院本於確信自由判斷。但不得違背經驗法則及論理法則。」不過，不是什麼情況法院都可以「自由心證」喔，刑事訴訟法第一百五十五條第二項規定：「無證據能力、未經合法調查之證據，不得作為判斷之依據。」

雖然「自由心證」是法院法官在審理案件時，在內心依據可以作為證據的人事物，能否證明待證事實的一種判斷，不過，這並不表示「自由心證」可以讓法院法官自由而無拘束地依證據來認定事實真假喔，它仍然是有限制的：證據必須先具體呈現在法官之前，而且必須具有證據能力，然後在法官依法定的調查程序調查後，法官才可以本於健全之理性，合理地來判斷事實是否存在。

在我國法院處理案件的實際狀況裡，「自由心證」是法官在認定事實的時候不可或缺的依據，因此，稱我國的刑事訴訟制度採

行的是「自由心證主義」也不為過，或許正是因為採行「自由心證主義」，一般人自然會有疑惑：法官對於自由心證的使用，會不會太過自由？

我們當然相信處理案件經驗豐富的法官會妥適而審慎地使用「自由心證」，縱然有極少數的個別案件讓民眾疑惑法院使用「自由心證」是否太過，然而，那應該不是法院不了解自由心證的意義，而應該是個別法官在審理案件時，可能因為案件繁重，或其他事由，才會導致在認定事實時，對於現存或根本不存在的證據認識有誤，因而產生不當或是違法的判決。

監察院曾經因為法院法官未注意到被告的前科紀錄表，因而援用不存在的證據，而誤給予被告緩刑的宣告，認為法官「濫用自由心證」。

不過，上面這種情況，嚴格來說，應該不是法官濫用自由心證，而只是法官在審理案件時，沒有援用現存的證據，並因此導致事實的誤認而已（也就是被告有前科紀錄，法官卻沒發覺，並誤以為沒有前科紀錄，而給予被告緩刑）。

 **參考法條**

刑事訴訟法第一百五十五條

我國人在國外的犯罪，我國可以處罰嗎？

　　某男子在澳門機場的飛機上謊稱有炸彈，之後遭澳門警方逮捕，並送精神科鑑定後發現，某男子有精神方面的疾病。因此，澳門檢察院按照當地刑法第十九條及第八十九條的規定，認定在澳門班機上的行為，是精神失常，不可歸咎責任，因此免予起訴，並且同意將某男子驅逐出境，遣送到臺灣。

　　某男子謊稱有炸彈的地點，是在澳門機場的澳門航空班機上，此事件既然是發生在澳門機場的澳門航空班機上，那麼澳門地區的法院對這事件有管轄權。

　　不過，某男子經過澳門地區的醫院鑑定之後，發現該某男子的確有精神方面的疾病，也因此澳門當局才決定不予起訴，並盡快安排該某男子回臺。

　　不過，刑法第五條規定，如果在中華民國領域外，觸犯以下的罪行的話，我國法律還是要加以處罰：

一、內亂罪。

二、外患罪。

三、第一百三十五條、第一百三十六條及第一百三十八條之妨害

公務罪。

四、第一百八十五條之一及第一百八十五條之二之公共危險罪。

五、偽造貨幣罪。

六、第二百零一條至第二百零二條之偽造有價證券罪。

七、第二百十一條、第二百十四條、第二百十八條及第二百十六條行使第二百十一條、第二百十三條、第二百十四條文書之偽造文書罪。

八、毒品罪。但施用毒品及持有毒品、種子、施用毒品器具罪，不在此限。

九、整側百九十六條及第二百九十六條之一之妨害自由罪。

十、第三百三十三條及第三百三十四條之海盜罪。

　　如果，某男是中華民國的公務員，那麼，根據刑法第六條的規定，公務員如果在中華民國領域外觸犯以下的罪行的話，我國法律也要加以處罰：

一、第一百二十一條至第一百二十三條、第一百二十五條、第一百二十六條、第一百二十九條、第一百三十一條、第一百三十二條及第一百三十四條之瀆職罪。

二、第一百六十三條之脫逃罪。

三、第二百十三條之偽造文書罪。

四、第三百三十六條第一項之侵占罪。

　　不過，刑法第七條也規定，中華民國人民在中華民國領域外觸犯前二條以外的罪行，而且最輕的處罰刑度是三年以上有期徒刑的話，我國法律一律要加以處罰。但是如果犯罪地之法律不處

罰的話，我國法律也不處罰。

而刑法第九條更進一步規定，同一個行為雖然已經經外國確定裁判，我國仍得依刑法加以處斷。但是在外國已經受刑之全部或一部執行者，得免其刑之全部或一部之執行。

我國民用航空法第一百條規定：「以強暴、脅迫或其他方法劫持航空器者，處死刑、無期徒刑或七年以上有期徒刑」，因此，澳門地區的法院雖然以某男子有精神方面的疾病，而決定不予起訴，但該某男子卻也因此未曾受有外國確定裁判，所以回臺之後，仍有可能遭我國法院地檢署對其實施偵查。

刑法第十九條規定，行為時因精神障礙或其他心智缺陷，致不能辨識其行為違法或欠缺依其辨識而行為之能力者，不罰。行為時因前項之原因，致其辨識行為違法或依其辨識而行為之能力，顯著減低者，得減輕其刑。前二項規定，於因故意或過失自行招致者，不適用之。

至於該名男子雖經澳門地區的醫院鑑定後有精神方面的疾病，不過回國後，可能還是要再經我國之醫院重行作精神鑑定，鑑定之後，如果某男子於行為時是處於精神障礙或其他心智缺陷，致不能辨識其行為違法或欠缺依其辨識而為行為的程度，地檢署自會為不起訴處分，如果只是辨識能力顯著減低，仍會對某男子起訴，只是法院審判時，可以以其行為時精神耗弱為理由，減輕其刑。

參考法條

民用航空法第一百條，刑法第五條至第七條、第九條、第十九條

電腦駭客，小心被判重刑！

某男子係涉嫌利用網路下載的駭客程式攻擊某網站，經該網站負責人向地檢署提出告訴，地檢署經偵查後，將某男提起公訴。

某男係基於「干擾他人電磁紀錄之處理」的概括犯意，在家中，先以其電腦上網掃瞄該某網站，尋找該網站開啟之傳輸埠。並且在尋獲該網站之傳輸埠後，隨即連續利用自網路下載之駭客程式，以每秒一次至二次之速度，連續大量向該某網站伺服器主機傳送封包要求讀取資料，致使該主機無法正常回應其他用戶端封包遞送之請求，影響該網站正常營運，因此致使該網站發生「無法使用」的狀態，所以涉嫌觸犯刑法「妨害電腦使用罪」章。

我國刑法對上開行為，原來沒有明文處罰的規定，因此，以往法院實務上的處理，是或將電腦比照一般物品、或將電腦資料比照文書資料來對待，並援引相關條文來處罰。不過這樣畢竟會有闕漏，無法對所有破壞或妨害電腦使用的行為人來加以處罰，因此，在民國九十二年六月二十五日修訂、增加了刑法第三十六章「妨害電腦使用罪」，其且在刑法第三百五十八條到第三百六十三條的條文中，對以下的行為加以處罰：

刑法第三百五十八條：「無故輸入他人帳號密碼、破解使用電腦之保護措施或利用電腦系統之漏洞，而入侵他人之電腦或其相關設備」

刑法第五百五十九條：「無故取得、刪除或變更他人電腦或其相關設備之電磁紀錄，致生損害於公眾或他人者」

刑法第三百六十條：「無故以電腦程式或其他電磁方式干擾他人電腦或其相關設備，致生損害於公眾或他人者」

刑法第三百六十一條：「對於公務機關之電腦或其相關設備犯前三條之罪者，加重其刑至二分之一。」

刑法第三百六十二條：「製作專供犯本章之罪之電腦程式，而供自己或他人犯本章之罪，致生損害於公眾或他人者」

刑法第三百六十三條：「第三百五十八條至第三百六十條之罪，須告訴乃論。」

所以，將來如果行為人再度利用電腦相關設備進行上述條文所描述的行為，將觸犯刑法的規定，請大家不要因為一時好玩而誤觸法網。

 **參考法條**

刑法第三百五十八條至第三百六十三條

神棍騙財又騙色

神棍陳某，涉嫌在臺北市開設神壇，以供神、替人改運為由，長期向女信徒騙財騙色……。

宗教信仰固然為一般人的精神寄託，並藉信仰祈求心靈的平靜。然而，信仰過度究非善事，信仰之餘仍應保有適度之理性，才不至於喪失判斷能力，損及自身。刑法第二百二十一條第一項：「對於男女以強暴、脅迫、恐嚇、催眠術或其他違反其意願之方法而為性交者，處三年以上十年以下有期徒刑。」

今陳某藉宗教騙色之行為，其手段已相當於刑法第二百二十一條第一項所規定的「對於男女以催眠術或其他違反其意願之方法而為性交」，因此已經涉嫌觸犯刑法第二百二十一條第一項之犯罪行為。

不過，也有認為，法律上所規定的違法性行為有二：一是猥褻、一是性交，而上面所談到的「違背被害人意願的方式」，又有幾種方式：施用詐術、強制、利用權勢、乘對方心神喪失等等。而「神棍以宗教為理由騙色」，用白話來講，就是神棍「以詐術使人聽從其姦淫或為猥褻之行為」。

刑法第二百二十九條雖然對於「以詐術使男女誤信為自己配偶，而聽從其為性交者」有處罰的規定，不過信徒在遭逢神棍姦淫或為猥褻之行為當時，應該沒有人會「誤信」神棍會是自己的配偶，所以沒辦法依刑法第二百二十九條之規定來加以處罰，而又有法院認為神棍「以詐術使人聽從其姦淫或為猥褻之行為」也不等於刑法第二百二十一條第一項所規定的「對於男女以催眠術或其他違反其意願之方法而為性交」，因此只能以強制猥褻和強姦未遂罪的罪名來起訴或判決。

　　而刑法第三百三十九條第一項規定：「意圖為自己或第三人不法之所有，以詐術使人將本人或第三人之物交付者，處五年以下有期徒刑、拘役或科或併科一千元以下罰金。」

　　因此，較無疑義的部分是，如果陳某有向信徒詐稱，能為信徒改運，而要求信徒交付錢財，因而藉此取得被害人財物之行為的話，陳某的行為還因此涉嫌觸犯刑法第三百三十九條第一項之詐欺取財罪。

 **參考法條**

　　刑法第二百二十一條、第二百二十九條、第三百三十九條

當路霸，被重判七個月！！

開設補習班的某女，貪圖自己停車的方便，經常在補習班的樓下路邊放置花盆，霸佔一樓門口的「公眾停車位」，如果有別人將花盆移開，把汽、機車停在她所霸佔的「公眾停車位」上的話，某女還會把停放在那裡的汽、機車毀壞，結果這些事都被鄰里監視錄影清楚拍下。法院認為，此種行為實和流氓無異，遂依毀損罪，從重判處有期徒刑七月。

該某女子將別人停放在「公眾停車位」上的機車及汽車毀壞，在刑法上，她是觸犯了毀損罪，而毀損罪的法定刑度，是最重二年以下有期徒刑之罪。至於某女意圖為自己停車的方便，而在公有停車位上放置花盆，顯然是想霸佔這一個公有停車位，這種行為，可能觸犯刑法的竊佔罪，而竊佔罪的法定刑度，是最重五年以下有期徒刑之罪。

其實，在本案例中所指出的「霸佔路面以供自己私用停車的行為」，也許尚非太嚴重的犯罪行為，若是一般人觸犯了刑法毀損罪跟竊佔罪（也就是觸犯了與本案類似的情形），法院一般都會給予犯罪行為人改過自新的機會，也就是除了判罪之外，還會給予

易科罰金或緩刑的機會（當然，並不是每件案子法院都一定會給予易科罰金或緩刑的機會，要視案件的情節視輕微或嚴重而定）。

在本案例中，法院之所以沒有給該某女易科罰金或緩刑的機會，反而罕見地判處該某女七月的有期徒刑（判刑超過六月，就不可以易科罰金了），而且也不給該某女緩刑，這樣的判決，不可說不重，而法院之所以下這麼重的判決，可能的原因，是考量到該某女身為補習界的知識分子，其言行理應較一般人更知道應該遵守法律，但是某女竟然為了貪圖自己停車的方便，以路霸的方式，霸佔公眾停車位，還把別人停放在該車位的汽、機車加以破壞，這樣的惡行，顯然更為重大，而該某女在事發遭起訴後，不僅不自我檢討，還飾詞狡辯，也沒有跟車子被破壞的人和解，才會讓法院認為，被害人的損害雖然未必很大，但該某女的如此行為卻不可輕饒，又是連續犯，因此才重判七月有期徒刑，而且不可以易科罰金或緩刑，以儆效尤。

 **參考法條**

刑法第三百二十條

持偽造身分證貸款，是違法的!

某女持偽造的身分證，至某銀行意圖申辦信用貸款，被該銀行行員識破，報警將某女逮捕。警方並在調查後發現，某女先前已利用同一張偽造的身分證向他家銀行冒貸成功……。

一般民眾向銀行辦理信用卡，最常會碰到的法律問題，就是填假資料、拿假證件向銀行辦理信用卡，而因此會觸及的刑事法律問題，也就是詐欺、偽造文書。

例如，在本案例中，某女若偽造身分證，可能涉及觸犯「偽造特種文書罪」。

一般正常使用信用卡之消費者，如果填寫、或是拿出來申辦信用卡的資料是真正的，當然就沒有違法問題，即便是辦卡後因故繳不出卡費，也只是屬於一般民事案件，跟刑事違法無關。

但是，常常見到許多對於法律不了解之民眾，因為積欠卡費，而害怕（以為會）觸犯刑事犯罪，事實上，卡費之欠繳與詐欺罪之間是兩回事。因此，民眾如果因故繳不出卡費，除非有（一開始講的）偽造文書、或出具不實之證明外，銀行是只可以依照民事訴訟的程序來向消費者催討的。

只是，像常常看到銀行把民眾欠繳的卡費債權委託外面的債務催討公司來處理，而這些債務催討公司，常常發函給欠繳卡費的民眾，表示要對這些欠繳卡費的民眾提出刑事告訴，筆者認為，這種催討方式是否妥當，實在還有再加討論的餘地。

　　甚至有些債務催討公司，「模擬」法院的公函或語法，發函給欠繳卡費的民眾，表示要在某年某月某日某時，直接到欠繳卡費的民眾家中「查封電視、冰箱……」等物件，事實上，只有「法院」有權力直接進到民眾家裡查封民眾的動產或不動產，法院以外的「債務催討公司」是沒有權力直接進入民眾家裡的，而民眾對於債務催討公司的此種內容之信函，是可以不予以理會的，也可以拒絕法院以外的人員進入自己家中！

　　但是，「欠債還錢」本就是應該的事，別因此誤以為就可以不還欠款喔！也請民眾在消費之前，衡量自己的經濟能力，量入為出！

 **參考法條**

　　刑法第二百十二條、第三百三十九條

叫法官「菜鳥」，重判八個月

　　林姓男子當庭稱呼女法官「菜鳥」、「查某」，被判刑八月確定後，隨即向最高檢察署遞狀，聲請非常上訴，以資救濟。林指出，菜鳥，在閩南語中，意指沒經驗、資歷淺；查某是指女人，並非侮辱之詞，縱有不尊重，也不等於是公然侮辱，法院的判決是殘忍、不尋常的處罰，也違反平等、公平原則。林說，從許多案例可以發現，批評、誹謗或公然侮辱總統或其他重要政治領導人，一般都是被處六月以下有期徒刑或拘役，最後都是易科罰金了事。但是他在法庭，以欠缺侮辱犯意之「菜鳥」、「查某」等字眼稱呼法官，卻換來有期徒刑八月，並且還不得易科罰金或緩刑，實在有欠公允。林認為，原確定判決有違「舉重以明輕」之法則，也違反刑法有關得易科罰金之立法真意，檢察總長有必要為此違法判決，向最高法院提起非常上訴，請求撤銷而予以改判。

　　刑法第三百零九條為公然侮辱罪之規定，而公然侮辱罪的被侮辱者，以一般可得確定之人為對象即可成立。

　　至於刑法第一百四十條則為侮辱公務員及公署罪的規定，且該法條的設立，主要便是為了保護政府機關的威信以及公務員職

務的執行，所以法官在開庭審理案件時（屬公務員依法執行職務的情形），如果有人當庭以言語或行為加以侮辱，則有成立侮辱公務員罪的可能，最高可處六個月的有期徒刑。

又刑法第三百十條是誹謗罪的規定，而侮辱與誹謗行為，除了刑責不同以外，最主要的差別是侮辱是抽象地對他人謾罵而不涉具體事實；而誹謗則是對有損他人名譽的具體事實，予以指摘或傳述而言。此外，誹謗因涉及具體事實，容易使他人誤以為真，對受誹謗人的名譽影響較大，故其處罰較重。

至於林姓男子以「菜鳥」、「查某」稱呼開庭法官，究竟屬於侮辱行為，還是誹謗行為，則須視當時完整情況而定：如果林姓男子當庭突然以此等言詞脫口而出，因不涉具體事實，所以為侮辱行為，最高可處六個月的有期徒刑；但如有前後具體事實連貫，則屬誹謗行為，最高可處一年的有期徒刑。

而關於何種言行可構成侮辱，仍應視該等言詞或舉止的含義，在一般人的觀念認知裡，是否足以減損被侮辱人的名聲而定。而行為人的語氣和態度，也是一個重要的判斷依據，如果行為人當時的語氣或態度，帶有輕視的意思，則仍屬具備侮辱的故意。

另外，刑法第四十一條第一項規定：「犯最重本刑為五年以下有期徒刑以下之刑之罪，而受六個月以下有期徒刑或拘役之宣告者，得以新臺幣一千元、二千元或三千元折算一日，易科罰金。但確因不執行所宣告之刑，難收矯正之效，或難以維持法秩序者，不在此限。」同法第七十四條第一項規定：「受二年以下有期徒刑、拘役或罰金之宣告，而有下列情形之一，認為以暫不執行為適當

者，得宣告二年以上五年以下之緩刑，其期間自裁判確定之日起算：一、未曾因故意犯罪受有期徒刑以上刑之宣告者。二、前因故意犯罪受有期徒刑以上刑之宣告，執行完畢或赦免後，五年以內未曾因故意犯罪受有期徒刑以上刑之宣告者。」

　　本案中，林姓男子因受八個月有期徒刑的宣告，依法不得易科罰金，但法院仍然可以審酌是否予以宣告緩刑，只不過這是法院的裁量權，即便法院沒有宣告緩刑，所為的判決也還不算是違背法令。

 **參考法條**

　　刑法第四十一條、第七十四條、第一百四十條、第三百零九條、第三百十條

架網張貼情色圖片，該當何罪？

　　周姓男子三年多前和友人架設許多色情網站，在網頁內張貼猥褻圖片，讓人瀏覽，並以電子郵件接受訂單，出售色情光碟。被警方查獲之後，周姓男子仍然繼續上傳新的色情圖片。據了解，在八十九年至九十年間，該名周姓男子向某入口網站，申請虛擬空間架設成人網站，在網頁上放置色情圖檔供人瀏覽，又利用電子郵件、轉帳方式，接受訂單和出售色情光碟。而九十年七月，還和朋友另向三家入口網站申請免費空間，架設三個色情網站，同樣在網頁上放置色情圖檔供人瀏覽，再利用電子郵件寄發廣告信至他人電子信箱，吸引他人來瀏覽，以便出售色情光碟。九十年九月，被移送法辦獲得交保後，又將另一未被警方查獲的色情網站資料另存其他電腦設備，繼續申請有線電視網路，出售色情光碟。一直到九十年十一月被警方查獲，總計更新有八次之多，連續觸犯此種散布、販賣猥褻物品之犯罪行為。

【解析】

　　日本 AV 女優小×圓，於九十一年年底曾來到臺灣為世貿車展的廠商代言，展出期間，眾多男性「影迷」蜂湧而至，只為一睹其風采。而小×圓所主演之影片，雖從未在臺灣公開播映，然

其盛名絕不下於一些耳熟能詳的影視明星，細究小×圓之所以能有此知名度之原因，全拜光碟小販及網路行銷之所賜。

在臺灣，光碟小販或網路行銷所販賣的光碟，除了盜版軟體以外，大概就屬色情影片光碟為其大宗，而色情影片的劇情，往往有男女性交之情節，於客觀上足以刺激或滿足人之性慾，並引起普通一般人羞恥或厭惡感而侵害性的道德感情，而有礙於社會風化（參司法院大法官會議解釋第四〇七號），因此，色情影片屬於猥褻影像，而該光碟則為猥褻影像之附著物。

刑法第二百三十五條第一項規定：「散布、播送或販賣猥褻之文字、圖畫、聲音、影像或其他物品，或公然陳列，或以他法供人觀覽、聽聞者，處二年以下有期徒刑、拘役或科或併科三萬元以下罰金。」同條第三項：「前二項之文字、圖畫、聲音或影像之附著物及物品，不問屬於犯人與否，沒收之。」

而本案周姓男子與其友人因連續觸犯前開法條規定而遭法院處刑，正足以警惕目前仍在網路及路邊販賣、兜售的民眾，千萬不要為一時之利而以身試法，否則得不償失將後悔莫及。

 **參考法條**

　　刑法第二百三十五條

因討債涉嫌恐嚇被訴

宣稱合法催討債務的某公司負責人某甲，因雇用陳姓員工等人在討債過程涉嫌恐嚇、限制他人行動自由，經地檢署偵查終結後，依恐嚇、妨害自由等罪嫌將某甲及三名員工陳某等人提起公訴。

目前社會上所盛行的「討債公司」，其實指的是登記經營「應收帳款收買業、管理服務業」的公司。

而因應社會上的需求，合法的討債公司當然有其存在之必要，但是有些合法登記的討債公司卻是以違法的手段來討債，並且目前這種打著合法討債的招牌卻做違法討債行為的案例愈來愈多，因此引起了各界注意。

在這個案例中，會牽涉到下面幾個法律問題：

㈠以恐嚇等妨害自由的手段討債，觸犯了刑法的什麼罪名？

㈡討債公司的員工違法討債，老闆是不是也應該負責？

㈢檢察官在偵查階段，可不可以不傳喚老闆前來訊問，就直接將他起訴？

首先，刑法上的「恐嚇罪」指的是刑法第三百零五條規定：

「以加害生命、身體、自由、名譽、財產之事，恐嚇他人致生危害於安全者，處二年以下有期徒刑、拘役或三百元以下罰金。」至於「恐嚇取財罪」則是指刑法第三百四十六條第一項規定：「意圖為自己或第三人不法之所有，以恐嚇使人將本人或第三人之物交付者，處六月以上五年以下有期徒刑，得併科一千元以下罰金。」

　　而討債公司以恐嚇的手段討債，如果這個債務確實存在，則相關的行為人只觸犯恐嚇罪；但如果這個債務根本就不存在，或者討債公司自己把金額膨脹，那麼相關的行為人就已經觸犯恐嚇取財罪，而不只是單純的恐嚇罪而已。

　　其次，一般來說，刑法只會對犯罪之行為人課以刑事責任，而不像民法第一百八十八條的規定：受僱人於執行職務時，如果不法侵害他人權利，雇主也要連帶負損害賠償責任；儘管如此，刑法上仍有「教唆犯」、「共謀的共同正犯」等規定，這是指如果員工以違法手段討債是出自於老闆的教唆，或者是老闆與員工共同規劃違法的討債手段後，再交給員工去執行，這二種情況，老闆雖然只是「藏鏡人」，而沒有出面討債，但還是一樣會觸犯刑法。

　　第三，依照我國刑事訴訟法第二百八十一條規定，原則上「法院」於審判期日一定要傳喚被告到庭，程序才合法，但是法律並沒有同時規定「檢察官」在偵查階段一定要傳喚被告到庭，讓他表示意見後才能起訴，所以檢察官如果認為這個案件已經有足夠的犯罪嫌疑或證據，就算是沒有傳喚被告便將其提起公訴，程序上也並無違法之處。

 **參考法條**

　　刑法第二十八條、第二十九條、第三百零五條、第三百四十六條，民法第一百八十八條，刑事訴訟法第二百八十一條

銀行委外討債

　　某曾姓民眾，某日上午持兩把手槍和遙控汽油彈，到銀行營業廳，開槍示威並挾持員工、客戶，他聲稱不滿銀行委託討債公司討債，還以恐嚇語氣逼他母親替他還債。警方派人包圍銀行，並找來他的父母勸說，他才交出槍彈就擒，整個事件在一小時又十六分後平和落幕。曾某在警訊時說，他沒有傷害任何人的意思，只是要以此激烈方式逼銀行退還八萬元給母親，兩把改造手槍是十年前在臺南市以五萬元向友人購買，遙控汽油彈則是自己自製。警方訊後依妨害自由、恐嚇、槍砲等罪嫌，將該名男子移送地檢署，檢察官偵訊後，以他所犯的罪嫌重大，向法官聲請羈押獲准。

　　就案例中發生消費者積欠信用卡債務遭銀行委託討債公司收取債權，因而持槍搶劫一事而言，其相關的法律問題說明如下：

一、就持槍搶劫部分：

　　原則上，我國法律禁止私人持有槍砲，而所謂的槍砲，例如手槍、機槍，若是改造模型槍而被認定有殺傷力，亦在禁止之列。其未經許可持有此類槍砲，依照槍砲彈藥刀械管制條例第七條第四項之規定，可處五年以上有期徒刑，併科新臺幣一千萬元以下

罰金。

二、就搶劫行為而言：

由於槍砲具有高度威脅性，因此持槍行搶，如果造成被害人無法抵抗，應屬於刑法第三百二十八條之強盜罪。

此外，由於持槍行搶符合刑法第三百二十一條第一項第三款之「攜帶兇器而犯之者」，故行為人應負之刑事責任為刑法第三百三十條之加重強盜罪，依法可處七年以上有期徒刑。

三、就討債公司之討債行為：

銀行固然可以委任他人（包括討債公司）來幫忙催收帳款，但如其受任人係以恐嚇危害安全或其他妨礙自由之方式進行收款，則討債公司的討債人員可能觸犯刑法第三百零二條剝奪他人行動自由罪、第三百零四條強制罪以及第三百零五條恐嚇危害安全罪等罪名。

四、就銀行之責任：

㈠銀行對於所委託之討債公司，如得預期其收取債權行為將涉嫌犯罪而仍委託其收取債權，則銀行之相關人員（主要指實際委任之負責人）亦難脫免共犯之罪責。並且，除刑事責任外，該相關人員與銀行對於被害人也必須共同負起民事侵權行為之損害賠償責任。

㈡若銀行與討債公司並無犯罪之共謀，或者討債公司亦無犯罪行為，僅是利用一般人對於討債公司可能具備黑道色彩的恐懼來收取債權，則銀行之相關人員雖然不會有刑事責任，但是銀行利用此種方式來收取債權，應屬於權利之濫用，依照民法第一百

八十四條第一項後段應負侵權行為之損害賠償責任。

　　㈢在大部分的情形下，銀行恐怕並無教唆討債公司犯罪或共謀之行為，而是利用消費者畏懼討債公司可能具有黑道背景的心態，以有效收取債權。因此，就法律上來講，也許較難找到一個明白的法條來非難銀行，但銀行仍需遵守銀行公會所訂定的「金融機構辦理應收債權催收作業委外處理要點」。

 **參考法條**

　　刑法第三百零二條、第三百零四條、第三百零五條、第三百二十一條、第三百二十八條、第三百三十條，槍砲彈藥刀械管制條例第七條，民法第一百八十四條、第一百八十五條

老翁詐領俸金，遭緩起訴

七十三歲的羅姓老翁因覬覦患有精神疾病的堂弟媳上百萬元榮民遺眷俸金、拆遷補償費，涉嫌長期偽造堂弟媳名義代領俸金花用。地檢署昨天偵結，檢方要求羅某寫下悔過書，羅坦承因一時貪念詐領堂弟媳俸金，深表悔悟，並願在一年內賠償堂弟媳上百萬元損失。檢方准予緩起訴處分。

刑法第二百十條規定：「偽造、變造私文書，足以生損害於公眾或他人者，處五年以下有期徒刑。」

雖然依前述規定偽造文書罪最高可處五年有期徒刑，但在大部分的情況下，法院大多不會以最高刑期處斷，而是依個案事實加以判斷，因此也可能只判處一、二年的有期徒刑。

然就理論來說，雖然有時候人民犯下刑法所規定不可以做的行為，但是不是就一定要用刑罰的手段加以處罰，這仍然有相當的探討空間。比如在情節比較輕微的案件中，例如行為人竊取財產價值極為低微的財物，或上班族使用公司紙張影印私人文件，是否就得用竊盜罪、侵占罪加以論處，而這樣的處罰是否合乎情理、並且符合憲法上比例原則的要求，恐怕還是有很大的討論空間。

在學說上有人主張如果行為人侵害的利益很小（如一張信紙），那麼可以認為這在刑法上不具違法性，應該判決無罪。但也有人主張既然行為人已經做了法律所不許的行為，無論如何，法院就應該加以處斷，至於其所侵害利益的大小，則是法官量刑時考量的基準，因為行為人畢竟做了法律所明文禁止的事情。

至於哪一種說法比較可採，在這裡我們不擬深究。但放在眼前的問題是：檢察官辦理這類案件時，法律賦予他多大的空間去發揮？

依照過去刑事訴訟法的規定，檢察官在收案後，原則上只有起訴或不起訴的選擇（另外雖然有行政簽結的方式，但並未明文規定在刑事訴訟法的條文中），因此如果行為人的案件情節輕微，檢察官就必須面臨要不要起訴的掙扎：一方面，如果不起訴，那麼如何在不起訴處分書中說服上級法院首席檢察官或檢察長以及告訴人；另一方面，對於法律所要建構的社會秩序，又要怎樣加以維持？凡此種種，都是檢察官面臨此類案件之困擾。

刑事訴訟法在九十一年修正後新增緩起訴的規定，明文檢察官得定一年以上三年以下的緩起訴期間，以便觀察行為人是否有改過的決心及行為，如果在期間內有一定行為的違反（另參照同法第二百五十三條之三），則檢察官得依職權或依告訴人的聲請撤銷原處分，並且繼續偵查或起訴。

而上述制度的優點是，有時在犯罪情節輕微的情況下，如果仍然起訴被告，縱使法院判處較輕的刑罰，但對於被告而言，比較對其所作之處罰以及所犯之罪行，恐怕是有輕重失衡的問題存

在；但是如果因此而作出不起訴處分，則對被害人之權益以及社會正義而言，恐怕又屬不公。因此，折衷方法就是定一緩起訴期間，以便被處分人可以在這一段期間內好好反省、不要再犯，如此對於社會秩序、被害人權益以及犯罪者之人權而言，都應該是一個比較妥適的安排。

 **參考法條**

刑法第二百十條，刑事訴訟法第二百五十三條之一至第二百五十三條之三

監督有理？

　　單純的文文剛從南部大學畢業，為尋求更多更好的發展機會，文文聽從朋友的建議，離鄉背井來到北部求職，運氣不錯的文文，順利找到一家進出口貿易公司的行政人員一職，並且透過朋友的介紹，找到一間屋美價廉的小套房作為安身之處，心滿意足的文文在住了一段期間後，打算好好的打掃並布置這個小窩，沒想到整理到一半時，赫然發現套房內（包括浴室）竟裝有針孔攝影機，驚嚇不已的文文隨即向房東問個明白，沒想到房東竟然漫不經心地表示針孔攝影機是用來監督房客有無浪費水電的習慣，且行之已久，先前從未接獲其他房客的抱怨等等。請問又氣又怒的文文應該怎麼辦？

　　在外租屋的無殼蝸牛一族最擔心遇到惡行惡狀的房東及鄰居，如果不幸遇到其一，整個租賃期間必定是災難不斷、惡夢連連，而本案中文文的房東蓄意於套房內裝設針孔攝影機，還振振有辭地說是要監督房客之用水用電習慣，顯然是惡房東中的代表，而面對此種房東，法律有沒有辦法加以制裁以保護單純善良的房客呢？

關於妨害秘密罪，刑法第三百十五條之一規定：「有下列行為之一者，處三年以下有期徒刑、拘役或三萬元以下罰金：一、無故利用工具或設備窺視、竊聽他人非公開之活動、言論、談話或身體隱私部位者。二、無故以錄音、照相、錄影或電磁紀錄竊錄他人非公開之活動、言論、談話或身體隱私部位者。」

因此，文文的房東於套房、浴室內裝設針孔攝影機的行為，顯然已經該當刑法第三百十五條之一窺視竊聽竊錄罪之構成要件，而屬違法，但是本罪依法屬告訴乃論範圍，因此，文文必須在知悉犯人（即房東）之時起，於六個月內以書狀或言詞向檢察官或司法警察官提出告訴後，檢方才能據以進行偵查活動。

又「因故意或過失，不法侵害他人之權利者，負損害賠償責任。故意以背於善良風俗之方法，加損害於他人者亦同。」「不法侵害他人之身體、健康、名譽、自由、信用、隱私、貞操，或不法侵害其他人格法益而情節重大者，被害人雖非財產上之損害，亦得請求賠償相當之金額。其名譽被侵害者，並得請求回復名譽之適當處分。」民法第一百八十四條第一項及第一百九十五條第一項均有明文。

而文文的房東以針孔攝影機竊錄他人非公開的活動談話等畫面，亦屬嚴重侵害他人隱私，所以，文文得依照上開條文向房東請求非財產上的損害賠償，但必須注意應於知有損害及賠償義務人時起，兩年間向賠償義務人請求；或自有侵權行為時起，十年間行使權利，才不會因此喪失請求的權利。

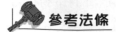參考法條

　　刑法第三百十五條之一、第三百十九條，刑事訴訟法第二百三十七條、第二百四十二條，民法第一百八十四條、第一百九十五條、第一百九十七條

阻塞通道與湮滅證據

　　檢方某天下午會同員警及監理人員，勘驗前天造成六死四傷的客運班車，確定安全逃生門遭鐵板封死，鐵板上還安裝固定座椅。檢警接著前往工廠，突擊檢查進場維修的巴士，當場發現工人正在張貼逃生氣窗的中文操作指示。因現場還發現由安全門上拆卸下來的客運座椅、拆卸工具及小電視，檢方懷疑客運公司涉嫌在巴士安全門上加裝一到兩張座椅並焊死，而且安全氣窗的設計也無法讓人立即逃生，所以在巴士發生乘客逃生無門、燒死車內的事件後，立即將所有同型車輛召回漏夜維修逃生通道，這已經有逃避刑責的嫌疑，因此檢方當場下令查扣所有物品作為證據，並將另外分案偵辦客運公司涉及公共危險罪的部分。

　　按刑法第一百八十九條之二規定：「阻塞戲院、商場、餐廳、旅店或其他公眾得出入之場所或公共場所之逃生通道，致生危險於他人生命、身體或健康者，處三年以下有期徒刑。阻塞集合住宅或共同使用大廈之逃生通道，致生危險於他人生命、身體或健康者，亦同。因而致人於死者，處七年以下有期徒刑；致重傷者，處五年以下有期徒刑。」本例中的客運公司將巴士的安全逃生門予

以封死，且鐵板上還安裝固定座椅，已經構成阻塞逃生通道的行為，而且發生他人生命、身體或健康的危險，並因而導致六人死亡的結果。但是，此是否成立本罪，關鍵在於大眾運輸巴士是否屬於「其他公眾得出入之場所或公共場所」。按本條所例示的戲院、商場、餐廳或旅店，基本上都是屬於不動產，而巴士是屬於動產，所以依文義解釋而言，是不包含在內的；然而，本條所強調的法益保護是在公共場所的逃生安全，而公共場所並不以不動產的場所為限，動產仍可能形成一公眾得出入的空間，所以巴士似應也是本條所欲規範的範圍。因此，客運公司將逃生門封死的行為，可能會構成本條的犯罪，由公司負責人及相關人員負起刑事責任。

另按刑法第一百六十五條規定：「偽造、變造、湮滅或隱匿關係他人刑事被告案件之證據，或使用偽造、變造之證據者，處二年以下有期徒刑、拘役或五百元以下罰金。」同法第二十九條規定：「教唆他人使之實行犯罪行為者，為教唆犯。教唆犯之處罰，依其所教唆之罪處罰之。……」客運公司將可能構成上述阻塞逃生通道罪的犯罪證據予以湮滅，應不構成湮滅刑事證據罪。因為本罪的成立要件之一，須是此證據關係他人的刑事被告案件，而在本例則是屬於客運公司相關人員的刑事被告證據，所以本於「不自證己罪」的法理及兼顧此乃人之常情下，刑法乃不予以處罰。至於客運公司人員教唆其他人湮滅自己犯罪證據的部分，因為教唆者所教唆的行為，對於教唆者而言，並不成立湮滅刑事證據罪，而利用他人湮滅刑事證據也是屬於自行湮滅證據，故不成立犯罪。

　　刑法第二十九條、第一百六十五條、第一百八十九條之二

法律追訴權真的能夠保留嗎？

在電視上偶爾會看見有人召開記者會，表示要保留其法律追訴權，請問什麼是法律追訴權？真的可以保留嗎？

一般所稱之「法律追訴權」應係指「追訴權」而言。按刑事追訴機關應於法定期間內，行使偵查、起訴、審判等追訴權，若未於法定期限內行使上開追訴權，即生時效完成而消滅追訴權之效果，刑事追訴機關即不得再對該犯罪行為進行追訴處罰，此一法定期間就是追訴權期間。追訴權期間多久？如何起算？按追訴權期間，分別依犯罪行為人所犯罪名之本刑最高度計算，本刑最高度為：死刑、無期徒刑或十年以上有期徒刑者，為三十年；三年以上十年未滿有期徒刑者，為二十年；一年以上三年未滿有期徒刑者，為十年；一年未滿有期徒刑者、拘役或罰金者，為五年。而追訴權期間則自犯罪成立之日起算。但犯罪行為有連續或繼續之狀態者，自行為終了之日起算（刑法第八十條）。且追訴權時效之經過，僅於符合刑法第八十三條規定之事由時，始得暫時停止其進行，縱使某人士在電視上以召開記者會方式，發表對某犯罪行為人保留法律追訴權之談話，其實並不會暫停追訴權期間之進

行，何況追訴權期間是對偵查機關之追訴犯罪所作限制，並非被害人。

另外值得注意的是與追訴權一詞較接近的「告訴權」。所謂告訴權，係指犯罪之被害人、法定代理人或配偶得對犯罪行為人提出告訴，請求檢察官訴追、法官審判犯罪行為人之罪行（刑事訴訟法第二百三十二條、第二百三十三條）的權利。須注意的是，若犯罪行為人是觸犯告訴乃論之罪名的話（請參閱刑法分則編及其他相關刑事法規之規定），告訴須於一定期間內向檢察官或司法警察官提出，否則若逾越告訴期間才提出告訴，就算犯罪行為之證據如何充分，檢察官也只能作成不起訴處分，法院只能諭知不受理判決，也就是犯罪行為人不會被宣告刑期，也就不會被關。那麼告訴期間有多久？自何時起算呢？依據刑事訴訟法第二百三十七條之規定，告訴期間為六個月，自得為告訴之人知悉犯人時起算。

所以就算犯罪之被害人在電視上宣稱要對某人保留法律追訴權，其實也不會停止告訴期間之進行並完成。犯罪之被害人切勿以為追訴權、告訴權可以保留，而於逾越追訴權或告訴權期間後，才向檢察官或警察報案，致無法對犯罪行為人進行追訴、審判。是以被害人在電視上表示保留法律追訴權，並不具有太大的意義，至多不過是強調自己並未寬恕加害人之意，而且被害人既然表示要保留法律追訴權，顯然被害人已知犯罪行為已經發生，甚至已知道誰是犯罪行為人，則被害人何時知悉犯人之時點，至為明瞭，反而導致被害人須於記者會當天起六個月內，提起告訴之不利益

情事。

參考法條

　　刑法第八十條，刑事訴訟法第二百三十二條、第二百三十三條、第二百三十七條

租賃契約造假報稅，房東房客都觸法！

　　小明因在外地工作，故向老王承租房屋一層，老王為逃漏稅，遂與小明約定每月租金調降一點，但是報稅時，租金只能申報實際繳交的一半，雙方遂訂立租金與實際不符之租賃契約，藉以讓老王逃漏租賃所得稅。請問如果被查到，老王會受到怎樣的處罰？小明會有事嗎？

　　政府對於申報所得稅的時間和方法有明確的規定，違反規定的人，輕則罰款，重則可能會被移送法院，千萬不能大意。按所得稅法第八條第五款規定，在我國境內之財產因租賃而取得之租金，為所得稅的課稅客體，該租金取得人即為納稅義務人，依所得稅法第七十一條規定，其應於每年五月一日起至五月三十一日止，填具結算申報書併同其他所得，向戶籍所在地的國稅局申報，且應於申報前自行繳納其所結算的應納稅額。

　　倘納稅義務人有漏報或短報情形者，除了會被追繳稅款外，依所得稅法第一百十條第一項規定：「納稅義務人已依本法規定辦理結算申報，但對依本法規定應申報課稅之所得額有漏報或短報情事者，處以所漏稅額兩倍以下之罰鍰。」依司法院大法官釋字第

二七五號解釋，以納稅義務人對於漏報或短報有故意或過失即可罰之。

　　另按稅捐稽徵法第四十一條規定：「納稅義務人以詐術或其他不正當方法逃漏稅捐者，處五年以下有期徒刑、拘役或科或併科新臺幣六萬元以下罰金。」第四十三條第一項規定：「教唆或幫助犯第四十一條或第四十二條之罪者，處三年以下有期徒刑、拘役或科新臺幣六萬元以下罰金。」此等因漏報或短報而造成逃漏稅捐結果者，於納稅義務人有逃稅的故意時；教唆犯或幫助犯則於有教唆或幫助的故意時，成立犯罪，且本罪是刑法第三百三十九條詐欺取財得利罪的特別規定，所以納稅義務人等行為人只須以稅捐稽徵法處罰即可。惟按稅捐稽徵法第四十八條之一規定：「納稅義務人自動向稅捐稽徵機關補報並補繳所漏稅款者，凡屬未經檢舉、未經稽徵機關或財政部指定之調查人員進行調查之案件，左列之處罰一律免除；其涉及刑事責任者，並得免除其刑：一、本法第四十一條至第四十五條之處罰。二、各稅法所定關於逃漏稅之處罰。前項補繳之稅款，應自該項稅捐原繳納期限截止之次日起，至補繳之日止，就補繳之應納稅捐，依原應繳納稅款期間屆滿之日郵政儲金匯業局之一年期定期存款利率按日加計利息，一併徵收。」

　　因此，老王少報租金之行為除應補繳漏稅額外，依上開規定，另外有可能受相關行政罰與刑罰的處分，一般納稅義務人實不可不知漏報、短報應依所漏稅額處罰兩倍罰鍰，且其行為已該當稅捐稽徵法第四十一條之犯罪，最高可處五年以下有期徒刑，且可

以併科新臺幣六萬元以下罰金；而小明之行為則有可能構成稅捐稽徵法第四十三條犯罪之幫助犯，最高可處三年以下有期徒刑。

 **參考法條**

　　所得稅法第八條、第七十一條、第一百十條，稅捐稽徵法第四十一條、第四十三條、第四十八條之一，刑法第三百三十九條。

網路駭客之責任

　　小明對電腦很有研究，為證明他很高竿，決定侵入某企業所架設之網站，並留下其到此一遊之證據。不久之後，該某企業之網站果然因小明之入侵，致網站資料毀損大半，被迫關閉數日之久。請問：小明要背負什麼責任？

　　由於高科技資訊社會的來臨，電腦犯罪的案件每日層出不窮，而新型態的電腦犯罪也不斷的出現，目前最常見的就是侵入內部網站掠取機密資料、散播病毒破壞電腦等。駭客攻擊的後果，除導致網路使用不便外，有些商業性網站更是損失慘重，是以如何防制駭客攻擊網站已是刻不容緩的事情。

　　在民國九十二年六月二十五日前，刑法對於駭客攻擊網站之行為，似欠缺相關規定予以處罰（有認為應以刑法毀損罪處罰），立法院有鑑於此，於刑法增訂第三十六章「妨害電腦使用罪」的規定，並經總統於九十二年六月二十五日公布施行，對於：一、無故輸入他人帳號密碼、破解使用電腦之保護措施或利用電腦系統之漏洞，而入侵他人之電腦或其相關設備之行為（刑法第三百五十八條）。二、無故取得、刪除或變更他人電腦或其相關設備之

電磁紀錄,致生損害於公眾或他人之行為(刑法第三百五十九條)。三、無故以電腦程式或其他電磁方式干擾他人電腦或其相關設備,致生損害於公眾或他人之行為(刑法第三百六十條),予以刑罰處罰,若攻擊之對象為公務機關之電腦或其相關設備時,更須加重處罰至二分之一。至此,刑法對於網路駭客之行為,已有明確處罰規定。又民法第一百八十四條規定:「因故意或過失,不法侵害他人之權利者,負損害賠償責任。故意以背於善良風俗之方法,加損害於他人者亦同。違反保護他人之法律,致生損害於他人者,負賠償責任。但能證明其行為無過失者,不在此限。」是以駭客破壞企業網站之資料並導致該網站無法繼續提供服務,造成該企業財產上之損害,其行為應構成民法第一百八十四條之要件,而須負賠償責任。

在本例中,小明侵入某企業網站並破壞網站資料之行為,應已分別構成刑法第三百五十八條至第三百六十條規定,係屬一行為觸犯數罪名,應從一重處斷,即從刑法第三百五十九條處斷,依法可處五年以下有期徒刑、拘役或科或併科二十萬元以下罰金,且行為並同時符合民法第一百八十四條之要件,而須對該企業負損害賠償責任。

附帶一提的是,網路上有一些人士專門撰寫駭客程式,供人入侵網站使用,此一撰寫之行為於刑法中亦有處罰之規定,即刑法第三百六十二條規定:「製作專供犯本章之罪之電腦程式,而供自己或他人犯本章之罪,致生損害於公眾或他人者,處五年以下有期徒刑、拘役或科或併科二十萬元以下罰金。」本條是對於智慧

型犯罪所特別規定的罪名。因為某些聰明但誤用其才智者，撰寫
駭客程式而便利自己或他人為上述的犯罪，所以刑法乃將處罰的
界限往前至程式撰寫階段，以杜絕此類電腦犯罪的猖獗。

 **參考法條**

　　刑法第三百五十八條至第三百六十條、三百六十二條，民法第一百八
十四條

在騎樓擺設攤位，合法嗎？

　　老王住在市區之某公寓一樓，因退休後閒來無事，覺得自家前之騎樓空著實在是很浪費，於是萌生弄個小麵攤賣牛肉麵之主意，一個月後，老王牛肉麵店果然開張。試問：老王之行為合法嗎？

　　按人民之財產權應予保障，憲法第十五條設有明文，然而財產權在國家基於防止妨礙他人自由、避免緊急危難、維持社會秩序，或增進公共利益所必要者時，得以法律限制，憲法第二十三條亦定有明文，先予敘明。

　　騎樓之所有權究竟歸屬如何？國家所有還是住家所有呢？一般而言，公寓大廈之騎樓係屬公寓全體區分所有權人之共用部分，即屬公寓大廈之區分所有權人共有；若是獨棟樓房時，其騎樓之所有權應屬個人所有。既然騎樓之所有權並非屬於國家所有，為何所有權人卻無法自由使用？就本文一開始所述，縱使住戶仍保有騎樓之所有權，然而為了增進公共利益之必要（按：騎樓之設計，本是基於臺灣特殊氣候而生），得以法律限制所有權之行使，查道路交通管理處罰條例第三條第一款規定：「道路：指公路、街

道、巷術、廣場、騎樓、走廊或其他供公眾通行之地方。」同條第三款規定：「人行道：指為專供行人通行之騎樓、走廊，及劃設供行人行走之地面道路，與人行天橋及人行地下道。」是以騎樓係屬道路交通管理處罰條例所規定之道路、人行道，且同法第八十二條對下列行為，責令行為人應即時停止並消除障礙外，並處罰行為人或其雇主新臺幣一千二百元以上二千四百元以下罰鍰：在道路堆積、放置或拋擲足以妨礙交通之物者、利用道路為工作場所者、利用道路放置拖車、貨櫃或動力機械者、未經許可在道路設置石碑、廣告牌、綵坊或其他類似物者、未經許可在道路舉行賽會或擺設筵席、演戲、拍攝電影或其他類似行為者、在公告禁止設攤之處擺設攤位者。若行為人經行政機關責令改善，卻仍拒不改善時，上開足以妨礙交通之物及廣告牌，即有可能被視為廢棄物，而依廢棄物清理法清除之，若屬攤位之攤棚、攤架，則可予以沒入。是以所有人對於騎樓雖不完全喪失管理、使用、收益、處分之權能，但已受到上開道路交通管理處罰條例之規定之限制，其利用行為原則上不得有礙於通行。上開道路交通管理處罰條例之規定並經司法院大法官釋字第五六四號解釋認定不違憲。又公寓住戶對共用部分之使用應依其設置目的及通常使用方法為之，若住戶違反者，公寓大廈管理負責人或管理委員會得予以制止，並得按其性質請求各該主管機關或訴請法院為必要之處置，如有損害並得請求違反之住戶賠償，甚至得由直轄市、縣（市）主管機關處罰該住戶新臺幣四萬元以上二十萬元以下罰鍰，並得令其限期改善或履行義務，屆期不改善或不履行者，並得連續處罰，

公寓大廈管理條例第九條第二項、第四項及第四十九條分別定有明文。

本案例中，老王佔據騎樓擺設麵攤之行為，除已違反道路交通管理處罰條例第八十二條之規定，將被處罰新臺幣一千二百元以上二千四百元以下罰鍰外，其擅自佔據騎樓並同時違犯公寓大廈管理條例第九條第二項之規定，如經制止仍不予以改善時，亦將被處以新臺幣四萬元以上二十萬元以下罰鍰。

參考法條

憲法第十五條、第二十三條，道路交通管理處罰條例第三條、第八十二條，公寓大廈管理條例第九條、第四十九條

託人代考駕照，害人害己！

　　張三多次參加駕駛執照考試，然而因技術不佳，迄今仍無法通過考試，並淪為朋友的笑柄。張三的朋友李四駕駛技術高超，見張三因無法通過考試，遂向張三表示由其代替前往應試，並由張三變造其身分證供李四應考之用。果真李四順利通過考試，張三終於取得駕駛執照。然而事過月餘，張三託李四代考之事被監理站發覺。試問：張三、李四會有何責任？

　　按公路法第七十七條之二第四項規定：「以詐術或其他不正當方法參加汽車駕駛人、汽車修護技工、汽車檢驗員、汽車駕駛考驗員之考驗或檢定者，自被查獲日起五年內，不得參加該類證照之考驗或檢定，並撤銷其取得之該類證照。」且道路交通安全規則第七十條第二項亦規定：「託人代考者，取銷報考人之考試資格，報考人及代考人如已領有駕駛執照者，由公路監理機關吊銷其駕駛執照，並註銷之。報考人及代考人均自查獲之日起五年內不得再行報考。」依上開法律規定，託人代考駕照之報考人，如在考取前被發覺者，報考人之考試資格將被取消，如果是在領得駕照後被發現，報考人之駕照亦將被吊銷、註銷或撤銷，且自被查獲之

日起五年內不得再行報考。至於代考人（也就是俗稱的槍手）其若已領有駕駛執照，亦將被吊銷、註銷，且與報考人一樣，自被查獲之日起五年內不得再考。

又報考人託人代考駕駛執照，為使代考人能順利應試，往往須變造報考人之身分證，例如將代考人之照片貼於報考人之身分證等方法，以取信監考人員，上開變造行為即有觸法可能，而有刑事責任，詳述如下：按刑法第二百十二條規定：「偽造、變造護照、旅券、免許證、特許證及關於品行、能力、服務或其他相類之證書、介紹書，足以生損害於公眾或他人者，處一年以下有期徒刑、拘役或三百元以下罰金。」同法第二百十六條規定：「行使第二百十條至第二百十五條之文書者，依偽造、變造文書或登載不實事項或使登載不實事項之規定處斷。」另第二百十四條規定：「明知為不實之事項，而使公務員登載於職務上所掌之公文書，足以生損害於公眾或他人者，處三年以下有期徒刑、拘役或五百元以下罰金。」因此假設在未向監理人員行賄的前提下，報考人或代考人如變造報考人之身分證以供應考之用，係觸犯刑法第二百十二條之罪。而代考人進而使用變造的身分證明文件應考，係觸犯第二百十六條之行使偽變造證書罪規定，且代考人係使不知情的監理人員，就此不實事項登載於其職務上所掌的公文書，而足以生損害於公眾或他人者，則構成使公務員登載不實罪，代考人觸犯上開罪名間，在實務上可能被認定是一行為觸犯數罪名而以「使公務員登載不實罪」論處（報考人則視其參與之程度，可能被認定為教唆犯或幫助犯）。

　　因此，在本案中張三及李四之行為，除導致其報考資格被取消及五年內不得再行報考結果外，其已取得之駕照亦將被吊銷、註銷，甚至亦須吃上變造證書罪、使公務員登載不實罪名之官司。

參考法條

　　公路法第七十七條之二，道路交通安全規則第七十條，刑法第五十五條、第二百十二條、第二百十四條、第二百十六條

小心！別誤入幫派組織

　　某天老王的兒子小王有一位同學打電話與他討論功課，後來該同學突然問他：「想不想拿獎學金？」但是小王的成績並不好，小王感到很納悶，他同學接著說：「我表哥說，有個獎學金沒成績限制，只要在高中或者大學唸書，加入那個單位，就會每個月發給你獎學金。」小王仍是半信半疑。天下有這麼好的事嗎？

　　近來時事常有所聞，幫派為了擴展實力，除了吸收好打架、喜逞兇鬥狠的角色以外，也愛具有高學歷者加入，更是積極深入校園，在高中、高職與大學中尋找並吸收在學學生。幫派利用學生性喜結交、壯大聲勢，並尋求保護及偏差性崇拜英雄的心理，先吸收學生入幫，再唆使其吸收校內同學，逐步擴大勢力，甚至以提供「獎學金」、「行頭」，如呼叫器、行動電話等為號召，讓學生每月有固定收入，誘惑學生，或利用安非他命等毒品控制青少年，或以暴力恐嚇脅迫限制其脫離幫派，讓他們無法擺脫幫派任由其驅使。

　　有人會質疑參加幫派不是憲法所保護之結社自由嗎？既然是結社自由應該就不違法吧？按人民之結社自由應予保障，憲法第

十四條雖然設有明文，然而人民之結社自由在國家基於防止妨礙他人自由、避免緊急危難、維持社會秩序，或增進公共利益所必要者時，得以法律限制，憲法第二十三條亦定有明文，所以參加幫派在法律所規定之某些情況下是違法的。那麼參加幫派在何種情況下是要被處罰的？又會受到何種處罰呢？這就得看所參加的幫派究竟係在從事何種行為而定。查我國目前刑事法律，對於參加不良組織，須要負起刑事責任者，規定於刑法及組織犯罪防制條例，按刑法第一百五十四條第一項規定：「參與以犯罪為宗旨之結社者，處三年以下有期徒刑、拘役或五百元以下罰金。首謀者，處一年以上七年以下有期徒刑。」而組織犯罪防制條例第二條亦規定：「本條例所稱犯罪組織，係指三人以上，有內部管理結構，以犯罪為宗旨或以其成員從事犯罪活動，具有集團性、常習性及脅迫性或暴力性之組織。」同條例第三條第一項：「發起、主持、操縱或指揮犯罪組織者，處三年以上十年以下有期徒刑，得併科新臺幣一億元以下罰金；參與者，處六月以上五年以下有期徒刑，得併科新臺幣一千萬元以下罰金。」是以參加以犯罪為宗旨之幫派是違法的，而所謂的犯罪一般常見，如：殺人、傷害、偷竊、搶奪、強盜或販賣盜版光碟等不勝枚舉，至於參加幫派之人依法則可處六月以上五年以下有期徒刑，還可以併科新臺幣一千萬元以下的罰金。

特別注意的是，加入以犯罪為宗旨之幫派，本身就已經違法，如果加入幫派後，有實際從事犯罪之行為，此一部分則會另外構成其他罪名，例如殺人、傷害、偷竊、搶奪、強盜罪、侵害著作

權法等，甚至幫「大哥」頂罪而成立頂替罪，是以行為人參加幫派又從事犯罪行為極有可能會被以數罪併罰處理，換句話說，罪上加罪。縱使是在校學生，年紀可能未滿十八歲，然而法律對未滿十八歲之人係規定「得」減，而非「必」減，所以刑期應該都不會太短。

參考法條

憲法第十四條、第二十三條，刑法第一百五十四條，組織犯罪防制條例第二條、第三條

電扇失火誰要負責?

　　小明因夏天即將到來，所以買了一臺知名廠牌的電風扇，並按照使用說明書操作，誰知小明半夜突然感到悶熱而醒來，竟發現整臺電扇著火，房間頓時陷入火海，小明趕緊通知消防隊前來滅火，火勢隨即被撲滅，幸好無人傷亡。經鑑定後，發現是電扇設計製造上之瑕疵導致失火。試問：小明如何求償呢?

　　按消費者保護法第七條規定：「從事設計、生產、製造商品或提供服務之企業經營者，於提供商品流通進入市場，或提供服務時，應確保該商品或服務，符合當時科技或專業水準可合理期待之安全性。商品或服務具有危害消費者生命、身體、健康、財產之可能者，應於明顯處為警告標示及緊急處理危險之方法。企業經營者違反前二項規定，致生損害於消費者或第三人時，應負連帶賠償責任。但企業經營者能證明其無過失者，法院得減輕其賠償責任。」第八條復規定：「從事經銷之企業經營者，就商品或服務所生之損害，與設計、生產、製造商品或提供服務之企業經營者連帶負賠償責任。但其對於損害之防免已盡相當之注意，或縱加以相當之注意而仍不免發生損害者，不在此限。前項之企業經

營者，改裝、分裝商品或變更服務內容者，視為前條之企業經營者。」第九條並規定：「輸入商品或服務之企業經營者，視為該商品之設計、生產、製造者或服務之提供者，負本法第七條之製造者責任。」是以消費者依企業經營者所提供的說明書來安裝電扇，卻出現失火意外時，消費者及其他受害的第三人均可依上述規定，分別向商品製造商、設計商、經銷商及進口商請求損害賠償。

又消費者保護法第七條之一規定：「企業經營者主張其商品於流通進入市場，或其服務於提供時，符合當時科技或專業水準可合理期待之安全性者，就其主張之事實負舉證責任。商品或服務不得僅因其後有較佳之商品或服務，而被視為不符合前條第一項之安全性。」第八條第一項亦規定：「……但其對於損害之防免已盡相當之注意，或縱加以相當之注意而仍不免發生損害者，不在此限。」則在舉證責任之分配上，改由企業經營者負舉證之責，亦即就商品是否於流通進入市場，或其服務於提供時，已符合當時科技或專業水準可合理期待之安全性及對於損害之防免已盡相當之注意，或縱加以相當之注意而仍不免發生損害等情狀，須由企業經營者舉證證明，以免除其損害賠償責任。

至於廠商的損害賠償範圍，除應依民法第二百十六條規定：「損害賠償，除法律另有規定或契約另有訂定外，應以填補債權人所受損害及所失利益為限。依通常情形，或依已定之計劃、設備或其他特別情事，可得預期之利益，視為所失利益。」及同法第一百九十二條至第一百九十五條規定決定外，另依消費者保護法第五十一條規定：「依本法所提之訴訟，因企業經營者之故意所致

之損害，消費者得請求損害額三倍以下之懲罰性賠償金。但因過失所致之損害，得請求損害額一倍以下之懲罰性賠償金。」所以，消費者及受害第三人可以據此向廠商請求財產上及非財產上的損害賠償外，另可請求懲罰性賠償金。

最後，按消費者保護法第十條規定：「企業經營者於有事實足認其提供之商品或服務有危害消費者安全與健康之虞時，應即回收該批商品或停止其服務。但企業經營者所為必要之處理，足以除去其危害者，不在此限。商品或服務有危害消費者生命、身體、健康或財產之虞，而未於明顯處為警告標示，並附載危險之緊急處理方法者，準用前項規定。」是以前開有問題的商品，如果有危害消費者安全與健康之虞者，廠商依法應負責收回該批商品，以確保消費者權益。

參考法條

消費者保護法第七條至第十條、第五十一條，民法第一百九十二條至第一百九十五條、第二百十六條

拒絕酒測比較划算?

老王愛喝酒，每次喝完酒又堅持自己開車回家，由於最近路上常有警察攔檢酒測，老王就很擔心哪天就被攔檢到。最近老王聽朋友說，酒後駕車被警察攔檢時，如果擔心自己過不了酒測時，無論如何都要拒絕接受酒測，因為拒絕酒測頂多被開單及吊銷駕照，要是被測出超過標準值，是會被關的。請問這種說法正確嗎?

近年來政府為防止酒醉駕車造成傷亡的不幸事件一再發生，不但將酒醉駕車之行政罰鍰予以提高，並吊扣其駕駛執照，如有致人傷亡之情形，更予以吊銷駕駛執照之處分，並於八十八年四月二十一日於刑法增訂第一百八十五條之三之醉態駕駛罪。

依照道路交通管理處罰條例第三十五條第一項第一款規定，汽車駕駛人駕駛汽車經測試檢定有酒精濃度超過規定標準者，處新臺幣一萬五千元以上六萬元以下罰鍰，並當場移置保管其車輛及吊扣其駕駛執照一年，而且刑法第一百八十五條之三規定，服用毒品、麻醉藥品、酒類或其他相類之物，不能安全駕駛動力交通工具而駕駛者，處一年以下有期徒刑、拘役或三萬元以下罰金，所以酒醉駕車除要被處以罰鍰及吊銷執照外，還有可能吃上官司

坐牢。一般來說，酒測值未達〇‧二五毫克者時，人車放行；酒測值在〇‧二五毫克以上未達〇‧五五毫克者，則依照道路交通管理處罰條例第三十五條第一項第一款規定處理。若酒測值超過〇‧五五毫克者，除依照道路交通管理處罰條例第三十五條第一項第一款規定處理外，駕駛人還會被以觸犯刑法第一百八十五條之三醉態駕駛罪移送法辦。

有人為逃避酒醉駕車刑責想出一個辦法：拒絕酒測。認為雖然依照上開條例第三十五條第三項規定，拒絕接受酒測要被罰六萬元罰鍰、當場移置保管其車輛及吊銷其駕駛執照，然而因為只有酒醉駕車並未肇事，所以警方是不能依同法條第四項將汽車駕駛人強制酒測的，這樣一來就沒有證據認定刑法第一百八十五條之三之犯罪，所以拒絕酒測當然是比較划算的。然而上開說法並不全然正確，因為酒醉駕車並未肇事，警方雖然無法依同法條第四項強制檢測，然而警方仍可由其他跡象認定酒醉駕車者係屬刑法第一百八十五條之三之現行犯而予以逮捕，並依據刑事訴訟法第二百零五條之二規定：「檢察事務官、司法警察官或司法警察因調查犯罪情形及蒐集證據之必要，對於經拘提或逮捕到案之犯罪嫌疑人或被告，得違反犯罪嫌疑人或被告之意思，採取其指紋、掌紋、腳印，予以照相、測量身高或類似之行為；有相當理由認為採取毛髮、唾液、尿液、聲調或吐氣得作為犯罪之證據時，並得採取之。」對酒醉駕駛人進行測試檢定。如此一來，酒醉駕車之人除原先所違反之道路交通管理處罰條例第三十五條第一項規定及刑法第一百八十五條之三之罪名外，再增加違反同條例第三十

五條第三項規定，反而得不償失。

　　刑法第一百八十五條之三，刑事訴訟法第二百零五條之二，道路交通管理處罰條例第三十五條

民事責任編

同名不同人、法院錯封屋

　　兩個同名同姓的民眾剛好是鄰居，一個年長、一個年輕。年輕的欠銀行錢沒還，銀行向法院聲請查封年輕者的房子，法院卻誤將年長者的房子查封，年輕者卻早已不知去向。整件事情可能是因為有太多的湊巧才造成查封對象的錯誤，包括債權銀行一開始就搞錯了執行對象，兩個同名同姓的人又剛好比鄰而居等等。

　　本事件之所以發生，應該是債權銀行一開始是以年輕者所開立的本票向法院聲請裁定強制執行並獲得准許以後，債權銀行又接著向法院聲請查封年輕者的財產，而因為是以本票聲請強制執行裁定，法院當初做成准許與否的裁定時，原則上不會進行實質審查，因此，當事人的身分認定，都以聲請人所提供的書面資料為準。

　　所以，法院在本案件中，之所以會發生查封錯誤的原因，可能有兩種，一個是當初債權銀行以年輕者所開立的本票向法院聲請本票裁定時，所聲請的相對人就搞錯了；另一種可能的情形是本票裁定的對象沒有錯，但是在債權銀行向法院聲請指封年輕者的房子時卻指成年長者的房子，才因此發生錯誤。

　　上面兩種錯誤的原因不同，所以被錯誤查封的年長者，法律救濟的方法也因此不同。

　　在第一種情形時，強制執行法第十四條第二項規定：「執行名義無確定判決同一之效力者，於執行名義成立前，如有債權不成立或消滅或妨礙債權人請求之事由發生，債務人亦得於強制執行程序終結前提起異議之訴。」第十六條規定：「債務人或第三人就強制執行事件得提起異議之訴時，執行法院得指示其另行起訴，或諭知債權人，經其同意後，即由執行法院撤銷強制執行。」第十八條第二項規定：「有回復原狀之聲請，或提起再審或異議之訴，或對於和解為繼續審判之請求，或提起宣告調解無效之訴、撤銷調解之訴，或對於許可強制執行之裁定提起抗告時，法院因必要情形或依聲請定相當並確實之擔保，得為停止強制執行之裁定。」

　　拿本票向法院聲請裁定，法院並不會做實體上權利是否存在的審查，年長者在這個裁定的過程中，並沒有向法院抗辯的機會，所以這項沒有實體確定力的執行名義在成立前，債權銀行跟年長者之間所存的實體權利義務是否存在的爭執，被執行的年長者應該向執行法院提起債務人異議之訴，並以這個起訴證明向執行法院聲請停止強制執行的裁定，以避免被債權銀行錯誤指封的房屋被拍賣而無從回復原狀。等到執行法院審理結果認為有理由的時候，被執行的年長者還要另行起訴，來更正原來本票裁定所指的相對人是年輕者而非年長者。

　　在第二種情形時，強制執行法第十二條規定：「當事人或利害關係人，對於執行法院強制執行之命令，或對於執行法官、書記

官、執達員實施強制執行之方法，強制執行時應遵守之程序，或其他侵害利益之情事，得於強制執行程序終結前，為聲請或聲明異議。但強制執行不因而停止。前項聲請及聲明異議，由執行法院裁定之。不服前項裁定者，得為抗告。」第十三條規定：「執行法院對於前條之聲請，聲明異議或抗告認為有理由時，應將原處分或程序撤銷或更正之。執行法院於前項撤銷或更正之裁定確定前，因必要情形或依聲請定相當並確實之擔保，得以裁定停止該撤銷或更正裁定之執行。當事人對前項裁定，不得抗告。」

如果是本票裁定相對人是年輕者沒有錯誤，但是在債權銀行向法院聲請指封年輕者的房子時卻指成年長者的房子，而因此發生錯誤，是屬於執行程序之違法，被執行人（也就是年長者）應該依法向法院聲明異議，來除去他的房屋被錯誤查封的處分。

 **參考法條**

強制執行法第十二條至第十四條、第十六條、第十八條

可以把流浪狗帶回家嗎?

　　皮皮向來喜愛動物,從小看到路邊的流浪貓狗都會主動表示關心,不是自掏腰包餵食,就是將受傷的小動物送往醫院救治,雖然皮皮很想在家裡飼養小貓小狗以增添生活情趣,可是因為姊姊對小動物過敏,所以一直無法如願以償;今年初,姊姊遠嫁到國外,皮皮心想,終於可以飼養寵物了,正巧平常在公園內經常餵食的流浪狗們,有隻個性乖巧的小土狗被人戲弄而受傷,皮皮覺得心疼,一時起意,便順手帶回家照顧,請問皮皮跟狗狗從此會過著幸福快樂的日子嗎?

　　很多人受到電視、電影的影響,或者看到剛出生的小動物特別可愛,就會興起飼養牠們的興趣,然而,當小動物長大,變得活潑調皮或難以照顧之時,這些動物們卻成了飼主的負擔,而難以持續照顧,這時候最可憐的就是這些遭到棄養的動物們,因此,倘若沒有充分的了解與認知,最好不要輕易地飼養動物哦!而許多在外面流浪的貓狗,如果有幸能遇上疼惜牠們的善心人士並帶回家飼養,那當然是再好不過,但會不會因此而產生任何法律問題呢?

　　一般來講，如果路邊流浪的貓狗是無人飼養的，在法律上我們稱牠為「無主物」，而將之帶回家飼養的人，便可以依照民法第八百零二條「先占」的規定，成為該動物的所有權人。

　　相反地，倘若是有人飼養的動物走失，基本上，法律會將這隻動物認定為原飼主的「遺失物」，如果有人撿到而帶回家飼養，便構成「拾得遺失物」之事實，依照民法第八百零三條及第八百零四條之規定，拾得人應通知其所有人，但如不知所有人為誰或所有人所在不明者，便可為招領之揭示（如所有人不於相當期間認領者，拾得人仍應將拾得物送交警察機關），或者送交警察機關。

　　原則上，在招領期間的六個月內（民法第八百零五條第一項），如果原飼主出面領回遺失物，拾得人依法得對原飼主請求遺失物價值的十分之三作為報酬（民法第八百零五條第二項）；但如果招領期間經過，仍然無人認領，則警察機關應將該遺失物交給拾得人（民法第八百零七條），這時候，拾得人便成為合法的所有權人，不用負擔任何法律責任。

　　而本案，皮皮所帶回家的流浪狗，並非他人遺失之寵物，因此，皮皮可以依照先占的法律規定，成為該隻小狗的所有權人。

　　此外，如果拾獲他人遺失的貓狗，卻未依照上述程序取得其所有權，並且進一步將之據為己有，還可能構成刑法第三百三十七條的侵占遺失物罪，最高可處五百元之罰金。

　　因此，愛護流浪貓狗，卻也應該注意相關的法律問題，千萬不要誤觸法網，以免得不償失。

 **參考法條**

民法第八百零二條至第八百零五條、第八百零七條，刑法第三百三十七條

如何要回被欠的錢?

　　五年前阿弘為了生意上的資金週轉向朋友志明借款新臺幣一百四十萬元，並開立一張以他個人名義為發票人的同額本票給志明，載明於一年後（即四年前）到期，而相信朋友的志明認為每個人都有難處，因此一直不願主動去向阿弘討債，可是阿弘自從借錢到現在卻一直沒有和志明聯絡，也沒有償還該筆欠債，志明的太太一直催促志明儘快去向阿弘要個交代，兩個人為了這件事爭執了無數次，請問志明應該要如何處理？何時可以取回這一筆錢？

　　朋友之間難免會有金錢往來，倘若處理得當，則有借有還，再借不難；但是一旦處理不好，為了金錢連朋友都做不成的案例比比皆是，實在是讓人遺憾。

　　如果有人以開立本票的方式向你借錢，卻屆期未為清償，那麼實現自己權利最快的方法，就是持本票具狀向法院聲請本票裁定，一旦本票裁定送達後，不須等到本票裁定確定即有執行力，因此債權人可以先行具狀向法院聲請就債務人的財產為強制執行。

　　但應注意的是，對本票發票人的請求權時效，自到期日開始起算（見票即付的本票，則自發票日起算），只有三年的時間，一旦時間超過就不能行使票據上的權利。

　　而本件志明所持有之本票，依案例意旨顯已超過三年，所以不宜再聲請本票裁定。

　　惟縱然無法聲請本票裁定，但本票的原因關係，也就是消費借貸關係，自請求權可行使之時起算，則有十五年的時效，是以志明仍然可以消費借貸關係，檢附借據、收據、本票等相關證據，以書狀向法院聲請核發支付命令。

　　當支付命令送達於阿弘後，如阿弘未於二十日之法定期間內向法院提出異議，則支付命令即與確定判決具有同一之效力，志明便可以此確定之支付命令，具狀向法院聲請就阿弘的財產為強制執行。但如果阿弘懂得在二十日之不變期間內提出異議，那麼此一支付命令的聲請就會被視為起訴，而本案也跟著進入訴訟程序，此時志明便須依照法院的通知補繳裁判費，以免遭裁定駁回。

　　此外，因本件訟爭並未超過新臺幣一百五十萬元，所以二個審級就可以確定，一旦志明獲得勝訴判決確定，志明就可以此確定判決，具狀向法院聲請強制執行程序。倘若志明想早點對阿弘進行執行程序，那麼志明可以在第一審之訴之聲明，表明願供擔保請准宣告假執行，屆時志明獲得一審勝訴判決後，便可依照第一審判決書上，法院所定之擔保金額，於供擔保後具狀聲請強制執行。

　　又假使志明擔心阿弘會事先脫產來逃避債務之履行，則志明

可以在本案訴訟繫屬前，向法院聲請假扣押裁定，如此便可先就阿弘的財產聲請強制執行（須供擔保），也就不用擔心債權會被阿弘給倒了。

不過，原則上，法院會按慣例，要求聲請假扣押的人繳交「請求金額的三分之一的數額」當作擔保金，以免一般人濫行假扣押。也就是說，志明雖然可以在本案訴訟繫屬前，向法院聲請假扣押裁定，但是，得先繳交（一百五十萬元的三分之一）五十萬元給法院供作擔保，法院才會准許志明先就阿弘的財產聲請強制執行。

參考法條

民法第一百二十五條、第一百二十八條，票據法第二十二條、第一百二十三條，民事訴訟法第四百六十六條、第四百九十一條、第五百零八條、第五百十九條、第五百二十一條、第五百二十二條，強制執行法第四條、第五條

全球先例，打民事官司，法官自己選

　　自九十二年九月五日起，為期一年的時間，民事官司將可由當事人自行選擇承辦法官，這是世界首例，未來法律界可能在不同領域出現高知名度的「明星級法官」！司法院宣布實施此一民事訴訟新制度，即正式宣告此一新時代之來臨。本項新制只適用於民事訴訟案件，表現出民事訴訟程序採「當事人進行」主義之精神，亦即大多數的訴訟程序都可由當事人決定，而新制施行後，選擇法官之程序也包括在內。

　　民事訴訟合意選定法官制度，是依據「民事訴訟合意選定法官審判暫行條例」而來，該條例自公布日施行，施行期間至中華民國九十五年九月五日止。而所謂「合意」，意指由原告及被告雙方同意，共同所選定審理案件之法官。

　　然而，會提出民事訴訟之雙方當事人，通常處於對立狀態，合意未必容易，而律師對法官之背景、專長通常比較了解，因此，實務上由雙方律師協調選定審理法官之可能性應該較大。

　　日後，法官個人之能力、背景、操守、辦案風評等將成為選定法官之首要考量，尤其現代各行業專業領域分工精細，於涉及

醫學、工程、科技、智慧財產權等專業時，法官如具備此等專業知識，將不致延長訴訟時間，可望做出更精確之裁判。

而此項全球首見之制度已於臺北、士林、板橋、桃園、臺中、臺南、高雄等七個地方法院開始試行，各法院之法官基本資料如姓名、學經歷等等，於司法院、試行地方法院網站上均有公布，民眾如有需求，可逕行上網查閱以便進一步了解法官背景。

而新制之重點，在於明定當事人得合意選定受訴法官之時期、方式以及效力：原則上須於起訴時或第一次言詞辯論期日前合意選定，惟行準備程序者，亦得於第一次期日前合意選定之；又一般之合意是選任法官一人獨任審判，但依法令應行或得行合議審判之案件，當事人得選定法官三人組成合議庭，但如果是得行合議審判者，當事人也可以只選任法官一人來審理案件。此外，一旦選定法官後，除非有法律規定必須迴避之情況，否則當事人應受其選定之拘束，法官亦不能拒絕；且經由本新制所進行之案件，不得上訴二審，僅得依各該事件所應適用之程序，逕向最高法院提起上訴或抗告。

總括來講，實施合意選定法官制度不但可以彰顯當事人程序主體的地位，還有助於當事人信賴裁判程序、結果，更可以加速案件審理進度、減輕法院負擔，可謂一舉數得，相信本制實施後將使法官於案件審理上更為謹慎，而有助於裁判品質之提升。

參考法條

民事訴訟合意選定法官審判暫行條例第一條、第二條、第五條至第七條、第九條

討債找錯人，賠錢又惹官司

　　陳姓女子借了一百萬元給友人的哥哥，但對方拿錢後避不見面，她向討債公司透露該名友人的住址與電話，討債集團連續以言詞恐嚇，或以油漆潑灑被害人住處及座車等手段，一再向對方施壓，要求說出該兄長的住處或電話，友人不勝其擾，報警究辦。法官將陳女與討債公司成員列為共同正犯，依恐嚇罪判刑三月，得易科罰金。

　　按刑法第三百零四條強制罪規定：「以強暴、脅迫使人行無義務之事或妨害人行使權利者，處三年以下有期徒刑、拘役或三百元以下罰金。前項之未遂犯罰之。」

　　第三百零五條恐嚇危害安全罪規定：「以加害生命、身體、自由、名譽、財產之事，恐嚇他人致生危害於安全者，處二年以下有期徒刑、拘役或三百元以下罰金。」

　　第三百四十六條則是恐嚇取財得利罪的規定：「意圖為自己或第三人不法之所有，以恐嚇使人將本人或第三人之物交付者，處六月以上五年以下有期徒刑，得併科一千元以下罰金。以前項方法得財產上不法之利益，或使第三人得之者，亦同。前二項之未

遂犯罰之。」

　本案陳姓女子為債權人，其基於債權行使的目的，委託討債公司代為追討債款，然而討債公司卻以恐嚇他人的手段，來促使債務人交付財物，則討債公司究竟觸犯上述何罪？

　首先，自討債公司的客觀行為來看，其對債務人的妹妹施以言詞或潑漆的方式騷擾之，縱使被害人心理狀態特別，不因此而產生恐懼，然就社會上一般觀念來衡量，此等言詞舉動足使他人心生恐懼，因此，討債公司的行為仍屬恐嚇行為。

　再者，觸犯強制罪的人，其內心須有使被害人行無義務的事，或妨害被害人行使權利的認識；犯恐嚇取財得利罪的人，則須有不法所有的意思；而恐嚇危害安全罪，則須使被害人內心產生畏懼。

　目前實務上認為，債權人以行使債權為目的，而向債務人實施恐嚇等不法手段，其並無不法所有之意圖，且債務人原本即有還錢之義務，因此只有成立恐嚇危害安全罪的可能。

　但在本案中，討債公司因為不知道債務人的去向，於是轉以威脅恐嚇之方式，向其妹要求債務人的聯絡地址與電話，然其妹並非債務人，並且也無代兄償債或告知其去向之義務，所以討債公司的行為，仍應依強制罪來論處。

　另外，刑法上共同正犯的成立，除了需由全體分擔犯罪行為之一部或全部外，彼此之間還須有犯意的聯絡才行，又其刑責的分擔，不管是分擔全部犯罪行為，或僅是一部分，甚至只參與事前謀議的部分，仍應依最後犯罪結果發生的罪名來處罰。陳姓女

子與討債公司之間，究竟是否成立共同正犯關係，則須視彼此間是否有犯罪行為的分擔與犯罪意思的聯絡而定。假如陳姓女子僅單純委託討債公司收債，並未與之協議或指示討債方法者，則應無犯意的聯絡，自不與討債公司成立共同正犯。但是，陳姓女子既已向討債公司透露債務人妹妹的住址與電話，因此才會被法院認定其與討債公司間具有共同正犯的關係。

 **參考法條**

　　刑法第二十八條、第三百零四條、第三百零五條、第三百四十六條

父債子還?

老張生前個性大膽、喜歡冒險，在投資理財上向來選擇風險極大的期貨交易作為個人致富之道，雖然判斷準確的時候獲利無數，但一有狀況也是賠得慘不忍睹，儘管如此，老張還是樂此不疲，視為個人挑戰。為了獲取暴利，老張還瞞著家人偷偷向銀行貸款三千萬元，可惜的是，老張在還沒發大財之前，就因心肌梗塞蒙主寵召，傷心欲絕的老張妻兒，直到銀行上門催繳貸款才知道老張留著這麼一大筆債務。請問老張的太太、子女是不是該認命地清償這筆債務呢？

現代的法律思潮是建立在個人主義上，而非團體家族主義，因此原則上個人並不須要為他人負責，只需對自己的行為負責即可，而這裡所說的他人，當然也包括直系血親以及配偶在內。所以，個人所負擔的債務，理當由個人負責清償較為公允，只是，如果債務人在清償債務之前便已死亡，那麼他所留下來的債務該如何處理呢？

原則上，債權人還是可以請求還錢，但是如果因為上一代的過錯而遺禍下一代，這也不是件公平的事，因此法律設有繼承制

度，如果個人願意承受被繼承人財產上的一切權利義務，那麼繼承人在法律上除了可以享受被繼承人的權利，同時也要負擔被繼承人的義務。如果個人不願意繼承，那麼就不用負擔任何責任，但同時也無法享受到被繼承人的所有權利。

以本案來說，老張的太太、子女如果有能力可以清償老張的債務，那麼概括繼承（意指被繼承人死亡時，繼承人承受被繼承人所有財產上之權利及義務）當然沒問題，但是如果沒有能力負擔老張的債務，這時候老張的太太、子女便可以考慮限定繼承或拋棄繼承。

法律上所謂的限定繼承，是指繼承人以所繼承的財產為限來償還被繼承人的債務，如果遺產不足以清償債務，那麼債權人也不可以對繼承人的其他財產求償；至於拋棄繼承，則是指繼承人全部拋棄被繼承人的一切債權債務，而不為繼承的意思。又拋棄繼承必定是全部拋棄，法律上並不准許僅為一部分的拋棄。

另外，須特別注意的是，限定繼承必須在被繼承人死亡之日起三個月內開具遺產清冊（列明財產種類及債權債務即可），向法院為聲請，如果超過三個月未向法院聲請限定繼承，那麼繼承人便只能概括繼承被繼承人財產上的一切權利義務。

而拋棄繼承則必須在繼承人知悉其得繼承之時起二個月內，以書面向法院為拋棄的意思表示，如果不是以書面或者未在二個月內向法院為之，則不生拋棄繼承的效力。

因此，老張的遺眷在時間掌控上應十分注意。

 **參考法條**

　　民法第一千一百四十七條、第一千一百四十八條、第一千一百五十四
條、第一千一百五十六條、第一千一百七十四條、第一千一百七十五條

為人作保，三思而後行

一年前，甲之女友買一層房屋，有向銀行貸款，並設定抵押，甲也當連帶保證人，現在已經與女友分手了，可是保證人還是甲。請問什麼是連帶保證？如果將來她繳不起貸款，會不會連累到甲？要如何處理比較好？

現行銀行借貸實務，除會要求借款人提供資力證明或不動產設定抵押外，通常也會要求借款人提出保證人，保證清償債務。由借款人或第三人提供不動產設定抵押權予銀行時，叫做物保，由借款人覓得保證人，由保證人與銀行簽訂保證契約擔保清償借款，則叫做人保。按民法第七百四十五條規定：「保證人於債權人未就主債務人之財產強制執行而無效果前，對於債權人得拒絕清償。」即一般所謂「先訴抗辯權」，是以若單純擔任保證人的話，銀行仍須向借款人聲請法院強制執行無效果後，才能向保證人要求代為清償債務，換句話說，保證人在此之前仍可拒絕清償。然而先訴抗辯權是可以由保證人預先拋棄，拋棄之後，保證人即不得再對銀行主張先訴抗辯權，保證人就必須負擔連帶保證債務，而依民法第二百七十二條第一項：「數人負同一債務，明示對於債權人各負

全部給付之責任者，為連帶債務。」之規定，則保證人與借款人負
同一債務，對於銀行各負全部給付責任而言，即銀行可先後或同時
對甲之女友或甲進行求償。而銀行一般借貸實務有保證人之情形
時，均會於保證契約中約定保證人同意拋棄民法第七百四十五條之
先訴抗辯權，所以甲目前所負擔之保證人責任應屬連帶保證人責
任。由於該筆借款尚有房子供作抵押，銀行為求迅速獲得清償，通
常會先將房屋拍賣求償，如有不足時，依銀行法第十二條之一第三
項規定：「未來求償時，應先就借款人進行求償，其求償不足部分
得就連帶保證人平均求償之。但為取得執行名義或保全程序者，不
在此限。」亦會先向甲之女友求償。然而如果甲之女友無法清償剩
餘款項，甚或避不見面，則銀行勢必向甲求償。由於保證契約係由
銀行與甲所簽立，雙方均受其拘束，甲無法片面拒絕清償，但若甲
能提出銀行願意接受之清償方案，倒是可暫緩銀行向法院聲請強制
執行之行動。若最終仍是無法避免銀行向甲求償時，依民法第七百
四十九條規定：「保證人向債權人為清償後，於其清償之限度內，
承受債權人對於主債務人之債權。但不得有害於債權人之利益。」
是以甲將於清償之範圍內，取得銀行對甲之女友之債權。根本解決
之道，如果銀行同意甲另覓保證人替代時，甲亦可另覓保證人，向
銀行申請變更，免除連帶保證人之責任。

參考法條

　　民法第二百七十二條、第七百四十五條、第七百四十九條，銀行法第
十二條之一

所有人就能任意破壞所有物嗎?

　　某甲因為積欠銀行貸款,經銀行向法院聲請查封其名下一間四層樓透天住宅,並進行拍賣。該住宅嗣後為某乙拍得,某乙繳足價金後,獲法院發給權利移轉證書,未料法院在進行點交時竟然發現,該住宅多處受到破壞,價值受損。經查原來是某甲不甘查封,動手破壞該宅,而屋主竟辯稱自己是所有權人,當然有權破壞自己的東西。請問這樣的說法合理嗎?

　　所有權人得自由處分破壞其物品,乍聽之下似乎沒什麼不對,然而權利的行使仍是受到一定的限制。由於債權人聲請對債務人強制執行時,法律為確保債權人之債權得以獲得滿足,設有查封程序,依強制執行法第五十一條規定,實施查封後,債務人就查封物所為移轉、設定負擔或其他有礙執行效果之行為,對於債權人並不生效力,又法律為防止債務人惡意將其所有之財產毀壞、處分或隱匿,藉以逃避法院強制執行,復於刑法第三百五十六條規定:「債務人於將受強制執行之際,意圖損害債權人之債權,而毀壞、處分或隱匿其財產者,處二年以下有期徒刑、拘役或五百元以下罰金。」第一百三十九條規定:「損壞、除去或污穢公務員

所施之封印或查封之標示，或為違背其效力之行為者，處一年以下有期徒刑、拘役或三百元以下罰金。」（如以縱火方式焚燬現有人居住之住宅，則同時觸犯刑法第一百七十三條縱火燒燬住宅罪），是以債務人於債權人取得執行名義對其聲請強制執行時，不得在損害債權人之債權的意圖下，毀壞、處分或隱匿其財產，於查封之後，更不得有毀壞、處分或隱匿查封物之行為。且查封物因債務人之破壞後價值下滑，有可能導致債權人債權無法獲得全額滿足，於此情形下，債務人之行為有可能成立民事侵權行為，而須負擔損害賠償責任。

又按「拍賣之不動產，買受人繳足價金後，執行法院應發給權利移轉證書及其他書據。」「拍賣之不動產，買受人自領得執行法院所發給權利移轉證書之日起，取得該不動產所有權，債權人承受債務人之不動產者亦同。」強制執行法第九十七條、第九十八條第一項分別定有明文。是以買受人（即拍定人）於取得法院核發之權利移轉證書時起，即已成為查封物之所有權人，不因買受人未辦妥所有權移轉登記而有所不同，而債務人既已喪失其所有權人之地位，自不得對該查封物有任何毀壞、隱匿之行為，否則在刑事責任方面涉嫌觸犯刑法第三百五十三條：「毀壞他人建築物、礦坑、船艦或致令不堪用者，處六月以上五年以下有期徒刑。……」第三百五十四條：「毀棄、損壞前二條以外之他人之物，或致令不堪用，足以生損害於公眾或他人者，處二年以下有期徒刑、拘役或五百元以下罰金。」之毀損罪（如以縱火方式焚燬現有人居住之住宅，則同時觸犯刑法第一百七十三條縱火燒燬住宅罪）或

刑法第三百三十五條：「意圖為自己或第三人不法之所有，而侵占自己持有他人之物者，處五年以下有期徒刑、拘役或科或併科一千元以下罰金。前項之未遂犯罰之。」之侵占罪，而民事責任上亦將負擔民法第一百八十四條：「因故意或過失，不法侵害他人之權利者，負損害賠償責任。故意以背於善良風俗之方法，加損害於他人者亦同。違反保護他人之法律，致生損害於他人者，負賠償責任。但能證明其行為無過失者，不在此限。」及第一百九十六條：「不法毀損他人之物者，被害人得請求賠償其物因毀損所減少之價額。」之侵權行為損害賠償責任。

在本案例之中，某甲若於法院辦理強制執行之際，對其住宅進行破壞之行為，係已觸犯刑法第三百五十六條之罪；於查封後進行破壞，則是同時觸犯刑法第三百五十六條及第一百三十九條之規定，並可能需負擔損害賠償責任；若某甲是於法院核發權利移轉證書予某乙後進行破壞，除須負擔毀損罪、侵占罪之刑事責任外，並須負起民事損害賠償責任。

參考法條

強制執行法第五十一條、第九十七條、第九十八條，刑法第一百三十九條、第三百三十五條、第三百五十三條、第三百五十四條、第三百五十六條，民法第一百八十四條、第一百九十六條

返還押租金是誰的責任？

　　小明跟屋主老陳租了公寓的二樓，並交付二個月的押金新臺幣三萬元，嗣後原屋主在租約未到期前將該房屋賣給現任屋主老王，嗣後小明即將每月租金交給老王，租約目前即將到期，請問小明應該向誰要回當初繳交之押金呢？

　　一般租屋習慣上，承租人除應按月繳付租金外，於訂約之時，出租人也會要求承租人交付二至三個月租金之金額，作為擔保，用於租賃契約終止時，扣除積欠之租金或損害賠償，此二至三個月之金額也就是一般所稱之押金，也有稱為押租金。至於押金之數額應以多少為當？通常由房東與房客相互同意即可，通常為一個月至數個月之租金數額，然而須注意的是，依土地法之規定，擔保金（押金）之總額不得超過二個月，超過部分，承租人得以之抵付房租。至於押金何時得請求返還？應於租約到期或終止且扣除積欠之租金或損害賠償後，有剩餘時，承租人才得向出租人請求返還。

　　租約雖然尚未到期，然而原屋主仍可自由將房屋轉賣他人，屋主換人，是否會對承租人之租屋權益造成影響呢？依民法第四

百二十五條規定:「出租人於租賃物交付後,承租人占有中,縱將其所有權讓與第三人,其租賃契約,對於受讓人仍繼續存在。前項規定,於未經公證之不動產租賃契約,其期限逾五年或未定期限者,不適用之。」所以租賃期間房東將房子轉賣他人時,除租賃契約未經辦理公證且租賃期限超過五年或未定期限之情形外,原則上並不會對承租人之租屋權益造成影響(參民法第四百二十五條),亦即原租賃契約應由購得房子之現任屋主承受,由現任屋主取得租賃契約出租人之地位,享有並負擔租賃契約之權利義務,而承租人則應向出租人履行租賃契約之義務或向其行使租賃契約之權利,亦即此時承租人應向現任屋主按月交付租金,若房屋有修繕之必要時,承租人僅得對現任屋主主張。

然而有疑問的是:租賃契約到期或終止後,承租人究應向原屋主或現任屋主請求返還押金呢?一般認為,承租人交付押租金予原屋主,係與原屋主於租賃契約外另行成立一押租金契約,亦即押租金契約係獨立於租賃契約之外,並非租賃契約之一部分,無民法第四百二十五條之適用,換句話說,押租金契約仍係存在於原屋主與承租人之間,對現任屋主不生效力,所以承租人依押租金契約請求返還押金,只能向原屋主請求返還,但是若原屋主已將押租金交由現任屋主之情形下,實務上似有認為此時承租人得向現任屋主請求返還押租金之看法。

所以在本案例中,小明應交付每月租金給老王。至於押金之部分,若老陳並未將押金交給老王,則小明應向老陳請求;若老陳有交付給老王,小明即應向老王請求。

 **參考法條**

民法第四百二十五條

六個月？還是兩年？

　　張三於一月份時，在馬路上騎乘機車卻遭李四駕駛自小客車撞倒，導致手、腳多處受有撕裂傷，張三因此支出醫藥費五千元，由於李四當場表示願意賠償全額費用，加上李四又是附近鄰居，所以張三就未報警處理。不料，李四每每於張三向其索討賠償時，卻藉故拖延，六個月後，更向張三表示，因為距離事發已過了六個月，所以不用賠了。請問：李四於本事件中應該負擔什麼責任？六個月後李四應負擔之責任會有不同嗎？

　　由於臺灣地小人稠，交通事故導致人員傷亡事件層出不窮，是以交通事故之受害者如何保護自己之權利，實值得注意。一般而言，交通事故發生時，如果僅有財物受到損害，大致上只有民事賠償問題，即民法第一百八十四條所規定：「因故意或過失，不法侵害他人之權利者，負損害賠償責任。故意以背於善良風俗之方法，加損害於他人者亦同。違反保護他人之法律，致生損害於他人者，負賠償責任。但能證明其行為無過失者，不在此限。」但是如果交通事故之任何一方（下稱受害人），因該次事故之發生致身體或生命受到傷害時，則加害之一方（下稱加害人）除有民事

賠償責任外，另一方面亦需負起過失傷害之刑責，並依加害人所造成之傷害是屬於輕傷或重傷，又可區分為過失輕傷罪與過失重傷罪，亦即刑法第二百八十四條第一項所規定：「因過失傷害人者，處六月以下有期徒刑、拘役或五百元以下罰金（過失輕傷罪），致重傷者，處一年以下有期徒刑、拘役或五百元以下罰金（過失重傷罪）。」惟上該各項責任均以加害人有故意、過失為前提，如加害人是屬於無過失時，即毋須負責。

需注意的是，上開各項加害人所應負擔之責任，均有一定時間之限制，在民事責任部分稱為「消滅時效」，在刑事責任部分則稱為「告訴期間」。詳言之，民事責任部分，民法第一百九十七條第一項規定：「因侵權行為所生之損害賠償請求權，自請求權人知有損害及賠償義務人時起，二年間不行使而消滅，自有侵權行為時起，逾十年者亦同。」同法第一百四十四條第一項並規定：「時效完成後，債務人得拒絕給付。」是以自被害人知悉有損害及賠償義務人時起，二年間不行使同法第一百八十四條之損害賠償請求權時，則該請求權即歸於消滅，亦即加害人得拒絕給付；刑事責任部分，依刑事訴訟法第二百三十七條規定：「告訴乃論之罪，其告訴應自得為告訴之人知悉犯人之時起，於六個月內為之。」而刑法第二百八十四條第一項過失輕傷、過失重傷罪均屬告訴乃論之罪（參同法第二百八十七條規定：第二百七十七條第一項、第二百八十一條、第二百八十四條及第二百八十五條之罪，須告訴乃論。但公務員於執行職務時，犯第二百七十七條第一項之罪者，不在此限）。自有告訴期間六個月之適用，是以如受害人逾越六個

月期間後始提起告訴，則檢察官僅得作成不起訴處分（參刑事訴
訟法第二百五十二條第五款規定），而無法追究加害人之刑責。

　　在本案例中，由於張三知悉李四為加害人時起，已經過六個
月，亦即逾越告訴期間，則縱使張三提出告訴，李四亦將獲得不
起訴處分；至於民事責任部分，因尚未逾越二年期限，是以張三
之侵權行為損害賠償請求權尚未罹於時效，李四自不得拒絕賠償。

參考法條

　　民法第一百四十四條、第一百八十四條、第一百九十七條，刑法第二
百八十四條、第二百八十七條，刑事訴訟法第二百三十七條、第二百五十
二條

動物飼養人的責任

小明養了一隻成年的拉不拉多狗 Lucky，由於白天都關在家中，所以小明晚上下班時都會帶牠到附近小公園散步。有一天晚上小明比較晚下班，心想公園這麼晚應該沒什麼人了，所以就解開繩子，任由 Lucky 在公園自由活動，Lucky 似乎也因此顯得相當興奮，在公園到處亂跑。碰巧老王下班騎機車經過公園，Lucky 竟從公園草叢中突然冒出追逐老王，老王受到驚嚇跌個四腳朝天，手腳多處受到擦傷，一整個星期無法上班。本案例中，小明應負何種責任呢？

小明的責任可分為三方面說明，分別是行政、刑事、民事責任。

行政責任部分，依動物保護法第二十條第一項規定：「寵物出入公共場所或公眾得出入之場所，應由七歲以上之人伴同，並採取適當防護措施。」條文中所稱的寵物，依同法第三條第五款所下的定義，是指「犬、貓及其他供玩賞、伴侶之目的而飼養或管領之動物。」如違反上開規定，依同法第三十一條規定，可處新臺幣二千元以上一萬元以下罰鍰，拒不改善者，得按次處罰之。本案

例中小明在公園溜狗，由於公園是屬於公共場所，自須採取適當防護措施，惟所謂適當防護措施應視具體情況而定，尚不得僅因飼主未將寵物繫上鍊繩，即認定未為適當防護措施，是以小明是否違反上開規定，尚難一概而論。

　　刑事責任部分，依刑法第二百八十四條第一項規定：「因過失傷害人者，處六月以下有期徒刑、拘役或五百元以下罰金，致重傷者，處一年以下有期徒刑、拘役或五百元以下罰金。」本案例導致老王跌傷之原因，雖然是因為 Lucky 追逐的關係，然而在法律的評價上，老王受傷之結果仍會被視為小明之行為導致，此時若小明對老王受傷結果，是屬於能注意而未注意之情形時，小明即屬觸犯上開條文之過失傷害罪，然而此罪係屬於告訴乃論之罪名，尚需老王提出告訴，小明才會被處罰。

　　民事責任部分，依民法第一百九十條規定；「動物加損害於他人者，由其占有人負損害賠償責任。但依動物之種類及性質，已為相當注意之管束，或縱為相當注意之管束而仍不免發生損害者，不在此限。」至於賠償的範圍，依同法第一百九十三條規定，應賠償被害人喪失或減少工作能力之損失及增加生活上需要之損失，且依同法第一百九十五條規定，受害人尚可請求精神上損害賠償。本案例中老王跌傷，是因為 Lucky 追逐所導致，如小明無法舉證依動物之種類及性質已為相當注意之管束，或縱為相當注意之管束而仍不免發生損害者時，即須負起賠償責任，其中包括老王之因本次事故支出之醫藥費、不能工作之損失、營養品費用及精神上損害。

飼主需特別注意的是，依動物保護法第七條規定：「飼主應防止其所飼養動物無故侵害他人之生命、身體、自由、財產或安寧。」如違反時，依同法第三十二條規定，直轄市或縣（市）主管機關得逕行沒入飼主之動物。所以有飼養寵物的民眾，為了防止他人受到傷害及上開各項責任，也為避免和寵物分離，帶寵物上街時，應多加留意避免事故的發生。

 參考法條

　　動物保護法第三條、第七條、第二十條、第三十一條、第三十二條，刑法第二百八十四條，民法第一百九十條、第一百九十三條、第一百九十五條

家事關係編

生了，如果不養，可能不能再行使親權喔!

　　小孩的媽媽在小孩滿月後，就把小孩丟給祖母撫養、照顧，後來小孩的爸爸與媽媽離婚，一開始約定共同行使小孩的監護權，後來更改約定，由小孩的爸爸擔任監護人，之後又再更改由小孩的媽媽擔任監護人，不過，不管是爸爸或媽媽擔任小孩的監護人，小孩其實都是由祖母養育。現在，小孩的爸爸下落不明，媽媽改嫁，一年之中帶小孩出去玩的次數寥寥可數，祖母看不過去，不忍心見到小孩被爸爸媽媽當成東西丟來丟去，於是訴請停止小孩的爸、媽行使親權的訴訟，法院最後判決祖母取得小孩的監護權，而小孩的爸、媽則無法再對小孩行使親權。

　　依照民法第一千零八十九條的規定，未成年子女之權利義務，由父母共同行使或負擔。如果有一方不能行使權利時，就由另一方行使。又如果父母不能共同負擔義務時，就由有能力的負擔。如果父母對於未成年子女的重大事項的權利「要不要」或「如何」行使，意見不一致的時候，父母可以請求法院依子女之最佳利益來決定「要不要」或「如何」行使。如果父母離婚，依照民法第一千零五十五條的規定，對於未成年子女權利義務的行使或負擔，

協議看是某一方行使或雙方一起行使。如果離婚時沒有協議,或無法達成協議的話,法院可以依夫妻之一方、主管機關、社會福利機構或其他利害關係人之請求來決定、或法院自己依職權來決定由誰行使。如果當初決定由父母的某一方行使、負擔未成年子女的權利義務,但那某一方卻沒有對未成年子女盡到保護、教養之義務、或是做出對未成年子女不利之事情的話,另外一方、未成年子女、主管機關、社會福利機構或其他利害關係人可以為了子女之利益,請求法院改由他人來行使、負擔未成年子女的權利義務。

如果父母濫用其對於子女之權利時,依照大法官會議釋字第一七一號解釋認為,父母的「最近尊親屬」可以依照民法第一千零九十條的規定請父母改正,父母如果不改,那麼父母的最近尊親屬可以請求法院宣告停止父母權利之全部或一部。未成年人如果沒有父母,或父母都不能行使、負擔對於未成年子女之權利、義務的時候,依照民法第一千零九十一條的規定,要另外設立一個監護人,而且這個監護人,依照第一千零九十四條的規定,人選的順序是: 1.跟未成年人一起住的祖父母。 2.跟未成年人一起住的兄姊。 3.沒有跟未成年人一起住的祖父母。而且,被選定的監護人,依照第一千零九十七條的規定,在保護、增進受監護人利益的範圍裡面,可以行使、負擔父母對於未成年子女之權利、義務。這就是為什麼在這個案例裡,法院會宣告停止小孩父母的親權,而由住在一起的祖母擔任小孩的法定監護人,由祖母來行使、負擔父母對於未成年子女之權利跟義務。

　　民法第一千零五十五條、第一千零八十九條至第一千零九十一條、第一千零九十四條、第一千零九十七條

繼子女對繼母有無扶養義務？

　　秀玲一家原本感情融洽，家庭氣氛和諧，但自從五年前母親因病去世後，全家人都很難過，父親更是心情沉重，鬱鬱寡歡，鄰居看這樣下去也不是辦法，便積極為秀玲的父親介紹對象，希望他重展笑顏，兩年後秀玲的父親意外結識一名中年喪偶女子，雙方十分投緣，不久便結婚了，秀玲原想父親年老有個伴也好，大家互相照應比較不會寂寞，卻沒想到，繼母與秀玲兩人觀念相差甚遠、時有摩擦，彼此之間的相處並不愉快，但因為秀玲沒多久也出嫁了，所以雙方的衝突並未持續，半年前秀玲的父親往生，秀玲心想自己與繼母不合，而繼母也有個兒子大明在銀行工作，所以自己應該不必扶養繼母，但考量到繼母曾經陪伴父親走過生命最後一程，所以在三節的時候會給予繼母一個紅包表示心意，誰知大明竟然在此時出面要求秀玲必須一起扶養繼母，請問秀玲應該照辦嗎？

　　民法上所謂的「扶養」是指，特定親屬間，一方對於他方無力生活者，依法律規定負擔其必要之經濟協助義務而言。

　　至於什麼樣的親屬稱作特定親屬？

依照民法第一千一百十四條以及第一千一百十六條之一規定，包括：一、直系血親相互間。二、夫妻之一方，與他方之父母同居者，其相互間。三、兄弟姊妹相互間。四、家長家屬相互間以及五、配偶相互間。

　　原則上，扶養義務人的範圍，僅限於以上五種關係的親屬。而繼母與繼子女之間並無血緣，在法律上，僅為一親等直系姻親，所以秀玲與繼母之間並非直系血親關係，除非彼此間具有家長家屬關係外，原則上秀玲不必負擔扶養繼母的義務，倒是大明身為秀玲繼母的親生子女，彼此間為一親等直系血親，依法應負擔其扶養義務。

　　另外，法律上稱為「家」的意思，是指以永久共同生活為目的而同居之親屬團體，而同家之人，除家長以外，其餘均為家屬，至於非親屬但以永久共同生活為目的而同居一家者，則視為家屬，例如妾或者是童養媳均屬之。

　　而家長之產生，依照民法第一千一百二十四條規定是由親屬團體中推定之；無推定時，以家中之最尊輩者為之；尊輩同者，以年長者為之。但如最尊或最長者，不能或不願管理家務時，則由其指定家屬一人代理之。

　　因此，倘若秀玲與繼母同居一家，於父親死亡後，親屬團體既未另行推定家長，而繼母又為家中最尊輩者，則繼母身為家長，秀玲對之即應盡扶養義務，但如參照民法第一千一百十五條規定，秀玲雖為扶養義務人，但其扶養繼母的順序仍在大明之後，所以應由大明扶養自己的母親才是。

　　而本案秀玲既已在父親死亡前出嫁，早已由家分離，則秀玲與繼母間並無家長家屬關係，因此不必負擔繼母之扶養義務。

　參考法條

　　民法第一千一百十四條、第一千一百十五條、第一千一百十六條之一、第一千一百二十二條至第一千一百二十四條

妹代兄職當新郎

　　小真和交往多年的男友大德終於準備步入結婚禮堂，於結婚前夕，大德卻被公司派往海外出差，並且一去就是一週，碰巧於結婚前一刻，大德又因天候不佳、機場關閉而無法及時搭機趕回臺灣出席自己的婚禮，眼見婚禮即將開天窗，大德的雙胞胎妹妹秀秀自告奮勇代替大德舉行結婚典禮，才使婚禮及宴客順利結束。大德回國後，與小真兩人又急著趕搭度蜜月的班機，因此匆匆忙忙地向戶政機關為結婚登記後，隨即出國旅行。誰知旅行期間，雙方因住宿問題一言不合而大打出手，等一回到臺灣後，即各自找尋證人準備離婚，請問大德與小真的婚姻合法有效嗎？雙方需要辦理離婚登記嗎？

　　我國法律對於結婚是採取「儀式婚」主義，也就是不論當事人雙方有無共同生活的婚姻事實，只要男女雙方踐行一定之儀式（習俗或宗教儀式皆可），法律即承認其婚姻效力之主義。因此一個有效的結婚，一定要有公開儀式及二人以上（含）的證人，才會有其效力。至於戶籍法上的結婚登記與否，並不會影響到結婚效力，縱使已為結婚登記，也只是「推定」當事人有結婚的事實，

因此，如果當事人沒有舉行公開儀式，並且具備二人以上的證人時，即使已經為結婚登記，其結婚仍然無效。

又身分法上的法律關係特別注重當事人之真意，所以當事人結婚，本身一定要有結婚的實質意思，才會發生結婚的效力。是以，法律上所要求的作為及意思表示，原則上均應由當事人親自為之（當然仍有少數的例外）。

依照民法第九百八十二條第一項之規定：結婚，應有公開儀式及二人以上之證人。

而所謂的公開儀式，是指結婚之當事人應公然舉行定式之禮儀，使不特定之人得以共見共聞，認識其為結婚者而言；而公開儀式的進行者，當然就是兩位要結婚的人。

而本案中大德因班機延誤之故不及趕回婚禮會場，因此大德於結婚之日並未親自進行公開儀式，儘管秀秀頂替大德為之，但小真和大德的結婚仍無公開儀式，依照民法第九百八十八條第一款規定：不具備第九百八十二條第一項之方式者，結婚為無效。因此小真與大德的結婚即不發生法律上效力。

至於兩願離婚，依照現行法律規定：須以書面為之，有二人以上證人之簽名，並應向戶政機關為離婚之登記。

與結婚登記不同的是，離婚登記為離婚之成立要件，因此縱使雙方已簽下離婚協議書，並有二人以上證人之簽名，但如未能協同前往戶政機關辦理離婚登記，則離婚不成立，夫妻之一方也不得訴請他方協同辦理離婚之登記。

案例中，小真與大德雖然已經為結婚登記，但因雙方並未舉

行公開儀式，致使結婚無效，因此其後雙方如因感情破裂而欲分手，則應向法院提起確認婚姻無效之訴後，持確定判決向戶政機關辦理塗銷結婚登記才是。

 **參考法條**

民法第九百八十二條、第九百八十八條、第一千零五十條

夫妻離婚，未成年子女親權的行使

　　小王與太太秀秀婚前感情極佳，但結婚後因雙方工作日漸繁
重，故而漸行漸遠，某日秀秀意外發現小王竟背著她在外面發展
婚外情已有一段時日，無法容忍先生出軌的秀秀遂決定與小王離
婚，小王雖然不希望與秀秀離婚，但見到秀秀態度堅決，也只有
黯然同意秀秀離婚的要求。但是有關二人剛滿八歲的兒子平平，
究竟應歸由誰扶養，雙方卻互不讓步，最後只得交由法院裁判。
法院調查後發現小王的收入極佳，每月約有二十餘萬元之進帳，
而秀秀則月入四萬五千元，但因平平自小即由秀秀一手照顧其生
活起居，因此平平希望未來和母親同住，請問秀秀有無機會擔任
平平的親權行使人？

　　民法上規定，夫妻離婚，對於未成年子女權利義務的行使與
負擔，雙方得依協議為之，如果未為協議或協議不成的時候，法
院得依夫妻之一方、主管機關、社會福利機構或其他利害關係人
的請求或依職權加以酌定。

　　而法院在決定親權行使人的時候，應該依照子女的最佳利益，
審酌一切情況，除了徵詢主管機關或社會福利機構的意見、參考

社工人員的訪視報告外，尤其應特別注意子女的年齡、性別、人數及健康情形，子女的意願（子女如果是滿七歲以上的未成年人，法院在裁定前，還應聽取該名子女的意見）及人格發展的需要，父母的年齡、職業、品行、健康情形、經濟能力及生活狀況，父母保護教養子女的意願及態度，父母子女間或未成年子女與其他共同生活的人之間的感情狀況等等，以便做出一個最符合未成年子女利益的裁判。

案例中，法院在決定平平的親權行使人的時候，雖然會考量到小王與秀秀雙方的經濟情況以及教養意願，但是，父母是否具備足夠的經濟能力養育未成年子女固然很重要，但經濟情況卻不是法院審酌的唯一標準，基本上，只要客觀上的經濟能力足以撫育未成年子女即為已足。

因此，儘管秀秀每月的薪資不比小王的收入來得高，但事實上已足以扶養平平，而且平平屬於年滿七歲以上的未成年子女，在法院調查其意願之時，平平又已明白表示未來想與秀秀同住，故除非平平的意願不符合他的最佳利益，否則原則上法院會尊重他的意願，更何況平平自小即由秀秀照顧慣了，所以由秀秀來對平平行使權利負擔義務，應該符合平平的最佳利益，因此，法院裁判由秀秀擔任平平的親權行使人的機會應該很大。

參考法條

　　民法第一千零五十五條、第一千零五十五條之一，非訟事件法第一百二十五條、第一百二十六條、第一百二十七條、第一百二十八條

如何收養大陸地區子女？

　　小王與太太結婚數年，膝下無子，一直引以為憾，雖然親朋好友熱心介紹各種生子秘方，小王夫妻也積極嘗試並接受不孕治療，但辛苦多年始終未能如願，於是喜歡小孩的小王開始認真考慮收養子女的可能性。日前，小王聽說大陸地區的朋友最近負債累累，經濟情況欠佳，因此想要出養一個三歲的兒子豆豆，小王很是心動，但不知在法律上應如何處理？

　　想要收養他人子女為自己子女，在法律上首先要注意的是收養者的年齡應年長於被收養者二十歲以上，而有配偶之人如欲收養子女，除非是夫妻之一方收養他方子女，否則原則上應與配偶共同為之；至於被收養者，原則上不能是收養者的直系血親、直系姻親，或者旁系血親及旁系姻親中輩分不相當的情況，並且除非是夫妻共同收養，否則一人不能同時當二人的養子女。另外，有配偶的人如果被收養，也應該得到配偶的同意。

　　至於收養行為的方式，民法上規定：「收養子女，應以書面為之。但被收養者未滿七歲而無法定代理人時，不在此限。未滿七歲之未成年人被收養時，由法定代理人代為意思表示並代受意思

表示。但無法定代理人時，不在此限。滿七歲以上之未成年人被收養時，應得法定代理人之同意。但無法定代理人時，不在此限。收養子女應聲請法院認可。收養有左列情形之一者，法院應不予認可：一、收養有無效或得撤銷之原因者。二、有事實足認收養於養子女不利者。三、成年人被收養時，依其情形，足認收養於其本生父母不利者。」

案例中，小王夫妻分別年長豆豆二十歲以上，並且都有收養子女的意願，但因為豆豆年紀尚幼，未滿七歲，因此小王夫婦如果想要收養豆豆，應該以豆豆的親生父母為其法定代理人，並和他們訂定收養的書面契約，再由雙方共同向法院聲請收養認可。

但需要注意的是，有關臺灣地區人民收養大陸地區人民為子女一事，法律就此設有特別規定：如果收養者本身已有子女或養子女，或者收養者同時收養二人以上為養子女，或者未經行政院設立或指定之機構或委託之民間團體驗證收養的事實者，則法院將不會予以認可。

本案由於小王夫婦未育有一兒半女，並且只收養豆豆一人，因此只要具備民法所規定的收養要件，並且收養的事實經過行政院設立或指定之機構或委託之民間團體驗證，法院便會為一認可之裁定，使小王夫婦如願以償。

參考法條

民法第一千零七十三條至第一千零七十六條、第一千零七十九條，臺灣地區與大陸地區人民關係條例第六十五條

認領之請求

　　小萍與大同自學生時期開始交往便是人人稱羨的一對，長跑
多年下來，理當論及婚嫁，而雙方父母也百般催促，誰知去年小
萍意外懷孕產下一子丁丁後，雙方感情隨即因第三者的介入而宣
告破裂，而大同也因此一直未認領丁丁，小萍雖然對大同百般怨
懟，卻不希望丁丁成為一個父不詳的孩子，請問小萍可以怎麼做？

　　案例中，小萍與大同並未結婚，因此丁丁自出生時起便是個
非婚生子女，在法律上，丁丁與大同並無任何身分關係，因此，
丁丁只能透過生父的認領，在法律上才會與大同發生父母子女關
係，並且被視為大同的婚生子女。

　　至於丁丁與小萍的關係，則依照民法第一千零六十五條第二
項規定：非婚生子女與其生母的關係，視為婚生子女，無須認領。

　　而關於請求認領的規定，民法第一千零六十七條明文：「有左
列情形之一者，非婚生子女或其生母或其他法定代理人，得請求
其生父認領為生父之子女：一、受胎期間生父與生母有同居之事
實者。二、由生父所作之文書可證明其為生父者。三、生母為生
父強制性交或略誘性交者。四、生母因生父濫用權勢性交者。前

項請求權，非婚生子女自成年後二年間或生母及其他法定代理人自子女出生後七年間不行使而消滅。」

本案丁丁是在小萍與大同交往期間所生，由於大同一直未出面認領丁丁，因此小萍可以先請求大同認領丁丁；如果大同拒絕，則小萍可依照上開條文的規定，向法院起訴請求大同認領丁丁為其子女，但在時間上須注意應於丁丁出生後七年內起訴請求才可以，或者丁丁在成年後二年間，自行向大同請求認領也沒問題。

此外，依照民法第一千零六十九條前段規定：「非婚生子女認領之效力，溯及於出生時。」

是以，一旦大同認領丁丁，其效力將會回溯到丁丁出生之時，因此自丁丁出生時起至成年為止所需的扶養費用，大同都應該與小萍一起負擔。

至於未來丁丁應由誰來對其行使權利以及負擔義務的問題，依照民法第一千零六十九條之一的規定：「非婚生子女經認領者，關於未成年子女權利義務之行使或負擔，準用民法第一千零五十五條、第一千零五十五條之一及第一千零五十五條之二之規定。」

也就是如果小萍與大同無法就此達成協議之際，可以由法院依照丁丁的最佳利益來裁判應由何人行使權利負擔義務為當，同時法院也可以就另一方父母將來與丁丁會面交往的方式與期間，以及如何負擔丁丁的扶養費用和支付方式等等加以酌定。

**參考法條**

　　民法第一千零五十五條至第一千零五十五條之二、第一千零六十五條、第一千零六十七條、第一千零六十九條、第一千零六十九條之一

如何辦理夫妻分別財產制登記？

　　向來獨立自主的元元與男友阿傑在交往多年後，終於準備步入結婚禮堂，雙方為了避免婚後不必要的麻煩，事先協議好婚後元元不必冠夫姓，未來將一同住在阿傑名下位於臺北的公寓裡，財產各自管理處分，但須平均分攤家中日常支出及家務事；有朋友跟元元說，如果婚後要採取這種財產制度，最好向法院聲請辦理夫妻分別財產制登記，請問元元該如何聲請辦理？

　　有關夫妻財產制的選擇，民法第一千零四條規定，夫妻得於結婚前或結婚後，以契約（應以書面為之）就本法所定之約定財產制中，選擇其一，為其夫妻財產制。同法第一千零五條：夫妻未以契約訂立夫妻財產制者，除本法另有規定外，以法定財產制，為其夫妻財產制。另外，同法第一千零八條第一項：夫妻財產制契約之訂立、變更或廢止，非經登記，不得以之對抗第三人。

　　是以，縱使元元夫妻就其財產制寫成書面契約便已發生效力，但如果不到法院辦理分別財產制的登記，就無法對抗第三人，因此在處理上宜特別注意。

　　那麼元元夫妻究竟應如何向法院聲請辦理夫妻分別財產制的

登記呢？

　　首先，因為元元是住在臺北市，應依照非訟事件法第一百零一條規定決定管轄法院，也就是臺灣臺北地方法院；其次，再依照同法第一百零四條規定，檢具 1.夫妻財產契約書。 2.財產目錄及其證明文件；其財產依法應登記者，應提出該管登記機關所發給之謄本。 3.夫及妻之簽名式或印鑑。由元元與阿傑一起向法院的登記處聲請辦理；而法院對於夫妻財產制的聲請，原則上應該在收案後三日內登記完畢，並且在登記後三日內公告，而公告則須登載公報或當地新聞紙一日以上，並於登記處公告牌公告七日以上，這樣夫妻分別財產制的登記程序才算完備，將來也才能有效對抗第三人。

　　此外，值得注意的是，元元夫妻於結婚前所訂定的婚前協議究竟有無法律上的效力？一般而言，契約只要兩造當事人互相表示意思一致，即得成立；至於是否生效，則只要不違反法律上強制、禁止規定以及公共秩序或善良風俗的話，都能發生效力，因此，元元夫妻的婚前協議若只針對夫妻冠姓、住所、夫妻財產制、家務分擔等事項為約定，在法律上均得生效。

　　但如果在婚前協議中事先約定有關離婚之後財產應如何分配、贍養費應如何給付以及子女親權應由何人行使等問題，則因目前實務見解認為未行成婚即先約定離婚之事，顯然違背婚姻的目的與本質，因此屬於違反公序良俗而為無效。

 **參考法條**

　　民法第七十一條、第七十二條、第一百五十三條、第一千條、第一千零二條、第一千零四條、第一千零五條、第一千零七條、第一千零八條，非訟事件法第一百零一條、第一百零四條，法人及夫妻財產制契約登記規則第三條、第四條、第十條

單親媽媽改子女姓氏，於法有據！

最近王小姐跟丈夫離婚了，由於丈夫自小孩出生之後，就不聞不問，離婚時雙方就協議由王小姐行使對子女之親權，但是小孩出生時是跟丈夫的姓，離婚之後，王小姐心裡總覺得怪怪的，而且娘家方面親屬也偶有閒語。因此王小姐想將小孩改為跟自己姓，於法有據嗎？

按民法第一千零五十九條第一項規定，子女從父姓。但母無兄弟，約定其子女從母姓者，從其約定。是以子女之姓氏原則上是從父姓，僅於母親方面無其他兄弟之情形時，才能約定子女從母姓。由於夫妻離婚時，縱使由妻取得子女之監護權，然而夫對於子女仍具有父之身分，不因離婚而受影響，是以基於上開民法規定，縱使夫妻離婚之後，對子女之從姓似無影響。

然而夫妻離婚後，若由夫擔任子女之監護人，固然沒有子女應跟誰姓之問題；由女方獨力撫養子女，子女的姓氏雖不致影響母親對子女的愛，但子女從母姓，對單親媽媽而言卻是一種支持、一種力量，是以夫妻離婚後，子女與任監護之一方同姓，已逐漸形成共識。立法者有鑑於此，遂於民國九十二年六月二十五日修

正姓名條例增訂「夫妻離婚，未成年子女姓與行使親權之父或母姓不同者。」得作為更改姓氏之事由（參姓名條例第六條第一項第三款），至此，夫妻離婚後，未成年子女之姓與行使親權之父或母姓不同者，行使親權之一方申請變更子女之姓與自己同姓，已於法有據。

至於辦理子女改姓，是否須得到未行使親權之一方之同意，抑或只須由行使監護權之一方提出申請而無須另一方之同意即可辦理呢？過去，戶政事務所會要求申請人應提出父母雙方之同意書才可辦理，引起極大的反彈，內政部有鑑於此，就姓名條例第六條第一項第三款夫妻離婚，未成年子女之姓氏與行使親權之父或母姓不同，如何受理改姓之疑義，已作成九十二年七月三十日函釋如下：「一、按姓名條例第六條第一項第三款規定，夫妻離婚，未成年子女姓與行使親權之父或母姓不同者，得申請改姓。經審慎研究，考量本條款之立法精神，並符合行使親權者實際之需求，爰重新規定以該條款申請改姓者由行使親權之一方為申請人無須提憑父母雙方書面約定書辦理。二、又本條款係針對現已離婚並行使或負擔未成年人權利義務婦女之訴求而增列，故於本條例施行前已離婚，至生效日尚未成年之子女亦得適用。」是以行使親權人申請依上開條例更改子女姓氏，已不再需要提出未行使親權之一方之同意書，即可辦理。且上開函示亦一併表示，在修正後之姓名條例施行前夫妻已離婚，而至生效日時子女尚未成年之情形，亦得適用上開更改姓氏之規定。

民法第一千零五十九條，姓名條例第六條

勞資關係編

雇主不合理的工作調動，員工可以拒絕嗎？

　　甲男在前幾年科技產業當紅之時，順利找到電子公司的工作，甲男的親朋好友都很羨慕他，誰知甲男到電子公司上班以後才發現，所謂的科技新貴，不但工作繁重、經常須配合公司加班，同事之間彼此也競爭激烈，所以實際上工作壓力頗大；而近來，該電子公司為調整組織結構，擬調派人手至大陸廠支援，一時之間，有志者紛紛爭取，正當甲男尚在猶豫是否西進大陸開拓另番視野之時，電子公司卻發布將甲男自臺北調派至新竹科學園區之人事命令，煩惱的甲男，是否應該就此認命，自臺北遠赴新竹工作？

　　一般而言，勞方相較於資方，顯然是比較弱勢的族群，而為了「保障勞工權益，加強勞雇關係，促進社會與經濟發展」，立法者特別制定勞動基準法（勞動基準法第一條），藉以平衡雙方權益關係，並促進和諧。

　　而勞動契約的簽訂，就如同一般契約，必須經過雙方當事人的同意後，始得成立，因此，勞動契約之成立，亦如同一般契約，並不是非得作成書面才行，即使只是口頭約定，也可以成立勞動契約，只是，如果雙方能在一開始就訂定書面的勞動契約，並且

把勞資雙方的權利與義務白紙黑字清楚地寫下來，一旦日後產生糾紛，這紙契約，便可以作為任一方主張權利的憑據。

不過，勞動契約裡，究竟應該記載些什麼呢？

在勞動基準法施行細則第七條各項中，明確規定勞動契約所應記載的事項：包括工作場所、應從事之工作有關事項，工作開始及終止之時間、工資的計算、結算、給付之日期與方法等各種勞資權利義務事項；此外，就雙方應另行遵守的事項、或者是依據事業單位之實際需要等等，都可以為特別約定。原則上，只要契約不違反法令的強制或禁止規定或有關該事業適用團體協約之約定，契約的約定都有效，勞資雙方都應該遵守勞動契約的約定，而如經勞資雙方同意，勞動契約也可以隨時再為修正。

另外，資方如果因為企業經營必要，而不得不調動勞方之工作，也應該依照內政部七十四年九月五日(74)臺內勞字第三二八四三三號函中所確立之原則辦理： 1.調動係基於企業經營上所必需； 2.調動不得違反勞動契約； 3.調動對勞工薪資及其他勞動條件，未做不利之變更； 4.調動後工作與原有工作性質為其體能及技術所可勝任； 5.調動工作地點過遠，雇主應予必要之協助。

而在本案例中，甲男被公司自臺北調動至新竹工作，因此，要看公司所為之調動是否合理，就應該檢視此一調動是不是符合上面的原則。

如果此一調動是合理的，而甲男卻無正當理由拒不到新工作任職，這時，公司可依照勞動基準法第十二條第一項第四款或第六款規定，不經預告終止勞動契約，並且不須給付甲男任何資遣

費；但是如果公司所為之調動並不合理，並且未經甲男同意，則不但公司不可以對拒絕到任的甲男不經預告終止勞動契約，並且甲男還可以依照勞動基準法第十四條第一項第六款規定，在知悉其情形之日起，三十日內不經預告終止勞動契約，並得請求公司發給資遣費。

 **參考法條**

　　勞動基準法第一條、第十二條、第十四條，勞動基準法施行細則第七條

產假問題知多少?

　　婷婷自學校畢業後,在同家貿易公司的秘書部門工作了四、五年,前年和公司業務部門的志強結婚後,原想辭職專心照顧家庭,但考慮到保險、車子和房屋貸款等經濟負擔以後,婷婷決定繼續工作,與志強共組快樂的雙薪家庭;今年初,婷婷發現懷孕六週後,與志強二人萬分期待小生命的到來,而婷婷也開始留意公司有關產假的配套規定,沒想到,這麼一家規模頗大的公司,產假規定卻只有四十天,如果員工還要加請,則須按日扣薪;此外,產假期間竟然是不支薪,而志強也沒有陪產假,真是晴天霹靂!看了這些規定,婷婷的心都涼了一半,真不知道產期屆至的時候,該怎麼安心準備生小孩、坐月子……?

　　由於勞工在經濟上是屬於弱勢的一方,為了避免事業單位假借私法自治、契約自由等制度的保護而造成勞工權益的減損,立法者制定了相關勞動法令,藉以保障勞工權益,避免資方剝削,並促進雙方的關係和諧。

　　勞動基準法第五十條第一項,以及兩性工作平等法第十五條第一項規定:雇主於女性受僱者分娩前後,應使其停止工作,並

給予產假八星期。

　　由於上開規定是源自於保護母性的立法政策，為強制性規定，因此，公司與員工之間的勞動契約，是不可以違反上開規定的。公司也不可以在勞動契約中預先要求員工拋棄上開權利，否則公司將違反勞動基準法第七十八條規定，主管機關可以對雇主處以三萬元以下之罰金。

　　另外，有關產假期間的薪資問題，根據勞動基準法第五十條第二項規定，如女性員工受僱工作時間已經六個月以上，則其停止工作期間，公司應照給工資。

　　而婷婷在同家貿易公司工作已經四、五年了，所以，在婷婷產假期間，公司仍應給付全額薪資，倘若雇主假借任何名義擅扣婷婷薪資，則將違反勞動基準法第七十八條規定，主管機關最高可對公司處罰三萬元之罰金。

　　而關於給付不足的薪資，婷婷可以對公司提起民事訴訟，請求公司如數給付。

　　又，依據內政部七十四年五月十四日 (74) 臺內勞字第三一五七七八號函的解釋認為：產假是女性員工應有的合法權益，女工產假期間不應該被視為缺勤，因此，婷婷原有的全勤獎金也應該發給；而有關勞保的生育給付，依據內政部七十三年十一月二十二日 (73) 臺內勞字第二六五八七〇號函意旨，女工分娩時，不但可請求產假期間的薪資，也可以依照勞工保險條例第三十一條規定請領生育給付，而此二種權利各有法律依據，因此雇主並不得自工資中扣除勞保之生育給付。

　　至於志強的陪產假問題，根據兩性工作平等法第十五條第三項、第四項的規定，受僱者在配偶分娩之時，雇主不但應給予二日的陪產假，並且應照常給予薪資。所以，志強可以依兩性工作平等法第三十三條的規定，向地方主管機關申訴，主管機關不但可以展開調查，並且得依職權對雙方當事人進行協調。

 **參考法條**

　　勞動基準法第五十條、第七十八條，兩性工作平等法第十五條、第三十三條，勞工保險條例第三十一條、第三十二條

勞工受到職業災害所得主張之權利

某市焚化爐附設飛灰固化廠多次發生飛灰溢散事件，承包商利用假日趕工清運飛灰，受僱之工人均不知這些飛灰有毒，在漫天飛灰環境下未戴口罩工作，其中還有一名暑假打工的十四歲國中學生。三名工人清運後沒幾天就感到頭痛、喉嚨痛而且胸部也隱隱發痛之症狀，遂詢問雇主這些飛灰是否有異狀，惟雇主卻隱瞞表示那是無毒灰塵，這三名勞工遂繼續在該危險環境下工作。試問這位雇主應負何種責任？三名勞工又如何自救？

按勞動基準法第四十五條規定:「雇主不得僱用未滿十五歲之人從事工作。但國民中學畢業或經主管機關認定其工作性質及環境無礙其身心健康者，不在此限。前項受僱之人，準用童工保護之規定。」第四十四條規定:「十五歲以上未滿十六歲之受僱從事工作者，為童工。童工不得從事繁重及危險性之工作。」第七十七條規定:「違反第四十二條、第四十四條第二項、第四十五條、第四十七條、第四十八條、第四十九條第三項或第六十四條第一項規定者，處六月以下有期徒刑、拘役或科或併科二萬元以下罰金。」是以在我國勞動基準法之規定，僱用未滿十五歲的少年從事工作

者，雇主原則上是須要負刑事責任的，但是國中畢業生如不升學而投入職場就業，或經主管機關認定該工作性質及環境並不會妨礙其身心健康之前題下，雇主僱用未滿十五歲之人時，才不會有違法的問題。又雖然在一定條件下得僱用未滿十五歲之人從事工作，然而雇主仍應注意其工作性質，避免使其擔任繁重及具有危險性的工作，否則亦可被處以刑事責任。由上開說明可知，除了工讀生應注意自身的權益問題外，雇主也應注意相關勞動法令的規定，以免誤觸法網而不自知。

再按「雇主對於僱用之勞工，應預防職業上災害，建立適當之工作環境及福利設施。其有關安全衛生及福利事項，依有關法律之規定」，勞動基準法第八條定有明文，又「勞工因遭遇職業災害而致死亡、殘廢、傷害或疾病時，雇主應依左列規定予以補償。……」勞動基準法第五十九條亦定有明文，是以雇主對於勞工因職業災害所受之損害依法應負補償之責。且依職業災害勞工保護法第七條規定：「勞工因職業災害所致之損害，雇主應負賠償責任，但雇主能證明無過失者，不在此限。」是以勞工所受之職業災害，係因雇主之故意、過失所引起時，雇主除應依勞動基準法第五十九條負擔補償責任之外，同時須負損害賠償責任，且受到職業災害之勞工在舉證責任上，只要能夠舉證證明雇主有違反勞工保護規定的行為、職災損害存在、違法行為與損害結果間有因果關係時，即可令雇主負賠償責任，雇主如要依同條但書主張免責時，則需舉證證明自己係屬無過失。

又受到職業災害之勞工，除得請求雇主予以補償或賠償之外，

如有參加勞工保險時，自然得依勞工保險法律關係請求給付賠償金；如未參加時，亦得依職業災害勞工保護法第六條第一項規定：「未加入勞工保險而遭遇職業災害之勞工，雇主未依勞動基準法規定予以補償時，得比照勞工保險條例之標準，按最低投保薪資申請職業災害殘廢、死亡補助。」向行政院勞工委員會勞工保險局申請職業災害殘廢、死亡補助。

參考法條

　　勞動基準法第八條、第四十四條、第四十五條、第五十九條、第七十七條，職業災害勞工保護法第六條、第七條

行政管理編

不可以吃狗肉，這是真的嗎？

依照立法院在九十三年二月四日修正通過的野生動物保育法，部分條文規定好像規定不可以吃狗肉，這是真的嗎？到底是什麼樣的規定呢？

在九十三年二月四日，立法院對野生動物保育法通過了部分條文的修正。

依照野生動物保育法第四條第一項第二款的規定，貓跟狗，屬於「一般類的野生動物」。而且，依照野生動物保育法第十條第四項第一款的規定，原則上，一般人不可以「騷擾」、「虐待」、「獵捕」或「宰殺」一般類野生動物。如果人民違反了規定，隨便的「獵捕」或「宰殺」一般類野生動物，那麼，依照野生動物保育法第五十條第一項的規定，是可以處罰那些「獵捕」或「宰殺」的人新臺幣五萬元以上、二十五萬元以下的罰鍰喔！而且，就算沒有「獵捕」或「宰殺」的行為，如果是「騷擾」或「虐待」一般類野生動物，那麼，依照野生動物保育法第五十條第二項的規定，也可以對那些隨便「騷擾」或「虐待」一般類野生動物的人處罰新臺幣二萬元以上、十萬元以下的罰鍰喔！

　　貓跟狗，是我們所喜愛的寵物之一，既然是寵物，就不可以隨意「騷擾」、不可以隨意「虐待」、不可以隨意「獵捕」、也不可以隨意「宰殺」喔！

　　在臺灣現行的社會裡，好像比較少聽聞有人吃貓肉，所以，似乎比較少有關貓方面的問題。可是，因為臺灣民間誤認為吃狗肉可以補身體，因此，從前多少會聽到吃狗肉的傳聞，這就有一些問題了，或許有的人認為，貓跟狗不也是動物的一種，吃狗肉或吃貓肉，就跟吃其他動物的肉一樣，有什麼大不了的呢？

　　不過，最近這些年來，在愛狗人士與愛貓人士的大聲呼籲下，貓跟狗越來越受到人們的重視，愛貓或愛狗的人也越來越多，紛紛站出來為愛貓與愛狗說話，所以，新的野生動物保育法便順應這股潮流，將舊的野生動物保育法加以修改。

　　因為，在舊的野生動物保育法，殺狗，不行，但是，賣狗肉，吃狗肉，是不處罰的，所以，那些賣狗肉或是吃狗肉的人就自我辯解說，我並沒有殺狗呀，狗不是我殺的，是別人殺的，我只是賣狗肉或吃狗肉而已，而因為的確沒辦法證明是誰殺狗的，所以，對於賣狗肉或吃狗肉的人，就沒辦法加以處罰。而現在，新的野生動物保育法就明白的規定，貓跟狗，是寵物的一種，要愛護寵物，不可以虐待寵物，也不可以為了吃而把寵物宰殺，更不可以為了吃寵物而買賣寵物。所以，隨意「騷擾」、「虐待」、「獵捕」、「宰殺」貓跟狗，都會被處罰喔，請大家不要貪圖口慾或誤信貓狗肉可以食補的錯誤觀念，去做出觸犯法律的行為，而被罰錢喔！

 **參考法條**

野生動物保育法第四條、第十條、第五十條

九十二年十二月一日開始實施的「警察職權行使法」，跟一般人民有什麼樣的關係嗎？

某甲未帶身分證，凌晨一點走在馬路上，遇到一位身穿便服的人自稱警員，對甲表示要實施臨檢，並查驗其身分證，請問某甲可以拒絕嗎？

「警察職權行使法」是在九十二年六月二十五日公（發）布的，並且從九十二年十二月一日起開始施行。

依照「警察職權行使法」第四條的規定，警察在行使職權的時候，應該要穿著制服，以方便一般民眾辨認。如果警察在行使職權的時候沒有穿著制服，那就要出示證件，並且向民眾表明身分，還要告知民眾，警察想做些什麼事。如果警察想對民眾做些什麼事的時候，又沒有穿著制服，又沒有出示證件，又沒有向民眾表明身分的時候，民眾可以拒絕警察的要求喔！

不過，因為警察在公共場所，或者是一般人都可以合法進入的地方，如果發現有些人鬼鬼祟祟、到處張望，行為舉止異常的，或攜帶不明物件、好像打算做些什麼事，就可以依據「警察職權行使法」第六條的規定，去查驗那些有問題的人、事、物。

依照警察職權行使法第七條的規定，警察也可以在指定的公共場所、指定的路段、或是指定的管制站，來對人、車進行查證的行為。而且，第六條也規定，警察要進入公眾可以自由進入的場所來執行職務時，應該在營業時間內來做，而且不可以妨礙營業（不過，如果那地方是一般人在二十四小時都可以自由隨便進出的話，所謂的營業時間好像就沒有意義了）。

　　警察可以依據「警察職權行使法」第七條的規定，在查證的同時，把人攔下來，詢問被攔下來的人的姓名、出生年月日、出生地、國籍、住哪裡、身分證號碼等等的問題。也可以叫那些被攔下來的人把身分證明文件拿出來以供查驗。如果被攔下來的人沒帶證件、或者是拒絕出示證件供警察查驗的，警察可以把人民帶到勤務處所來進一步加以查證。還有，依照客觀、合理的判斷，如果容易發生危害，警察也可以把車子攔停下來，並且要求駕駛人或乘客出示相關證件，或查證他們的身分，或是要求駕駛人接受酒精濃度測試之檢定。

　　當然啦，並不是警察做的事情就一定是對的，依據「警察職權行使法」第二十九條的規定，如果你認為，警察在做上面所列的事情的時候，並未遵守法律所規定的方式，你可以在警察行使職權的時候，當場表示異議。對於你的異議，警察如果認為有理由的話，就應該立刻停止或更正他的執行行為；如果警察認為你的異議沒有理由的話，可以繼續執行，不過你可以請求警察將你的異議做成紀錄，並且把這個紀錄交給你。如果你認為警察行使職權有違法或不當，並且導致你的權利或利益受損害的話，可以

依法提起訴願以及行政訴訟來爭取你的權利或利益。

　　因此，在本案例中，便衣警員因為認為某甲行止可疑，而對甲表示要實施臨檢並查驗其身分證，某甲可以要求該便衣警員出示證件，並向某甲表明身分，不然，某甲依法可以拒絕該便衣警員的臨檢。若該便衣警員仍執意要對某甲實施臨檢並查驗其身分證，某甲可以表示異議，並要求該便衣警員把某甲的異議做成紀錄，以便日後若有損害可對該便衣警員求償。不過，因為某甲未帶證件，便衣警員同樣可以依法把某甲帶到勤務處所，來做進一步的查證。

 **參考法條**

　　警察職權行使法第四條、第六條至第八條、第二十九條

身分證遺失該如何？

　　個性迷糊的小明，從小到大狀況不斷，不是剛買的雨傘回到家便已經不在手上，就是和人相約聚餐，到了現場才發現記錯地方，最離譜的是，曾經在大學聯考的時候，進了考場才想起忘了攜帶准考證，正當家人拼了命似的趕回家在家中狂找消失的准考證時，小明竟然發現准考證就放在自己的口袋中，真是氣死一幫忙壞的家人。這陣子，小明努力地不讓自己迷糊天性發作，誰知竟又莫名其妙地丟了身分證，請問小明要做些什麼，才不會讓自己日後有麻煩上身？

　　很多人都有遺失身分證的經驗，而身分證遺失也的確是一場惡夢，除了要補辦新的身分證件以外，由於目前詐騙集團橫行，一旦身分證遺失，還要不時擔心遭人冒用而為所欲為，因此，當身分證遺失之際，最重要的仍是採取相關措施以避免被不肖人士利用，導致後續麻煩滋生，讓人不勝困擾。

　　因此，小明宜儘速依照戶籍法施行細則第二十三條第二項規定，親自向戶籍所在地之戶政事務所申請補發新的身分證。而申請補發新的身分證件，原則上須攜帶戶口名簿、印章（親自簽名

亦可)、政府機關核發貼有照片之有效證件（例如有效期間內之護照、學生證、畢業證書、退伍令、榮民證等等，但不包括駕照及退伍令遺失補發證明書、身心障礙手冊等）以及最近兩個月內二吋正面半身照片三張（如需臨時證明書，應加附照片一張）辦理，並須按捺指紋以及繳納補領費用新臺幣二百元。

以臺北市為例，如在辦理補發國民身分證時，能提出有效之身分證明文件或以指紋辨識身分確定，快則一個鐘頭即可取得新的身分證件，因此程序上尚稱便捷。

另外，小明應特別注意的是，如之後尋獲原來遺失的身分證件，應即繳回戶政事務所，不得繼續使用。

又，小明是否應向警察局備案遺失？或者是否登報作廢？因為現行法令對於身分證遺失並未規定要到警察局備案，因此，是不是要到警察局備案，視個人的需要，故小明得依其個人意願自由為之。

不過筆者建議，也許向警察局備案遺失，並填具遺失案件證明申請書，是對自己比較有保障的，因為這項手續可以證明自己身分證遺失的事實，日後身分證若不幸遭人冒用並為犯罪行為，可因為此一備案的動作證明自己並無犯罪故意及違法行為，才能證明自己身分證係遭人冒用的事實，否則法院無從相信其清白，容易因此被當成共犯而受刑罰。

此外，由於小明申請補發身分證後會列入內政部提供的國民身分證領補換資料查詢系統裡，所以一旦他人冒用小明遺失的身分證，金融或警察機構亦可透過上述系統來核對該身分證之發證

日期，藉以判定真偽或者是否遭人冒用。

 **參考法條**

戶籍法施行細則第二十一條至第二十四條

公寓大廈樓頂平臺要設立電信基地臺，頂樓住戶如何自保？

　　小明住在大廈頂樓，最近聽說本大樓管委會要將樓頂平臺出租給電信業者架設基地臺，但聽說基地臺發出之電磁波對人體有害，頂樓住戶們感到很憂心，主任委員表示已獲得區分所有權人決議通過，所有住戶都要遵守。但是設立電信基地臺影響最深的應該是頂樓的住戶，請問：頂樓的住戶對於頂樓設電信基地臺之議案真的不能表示反對嗎？

　　關於電磁波對人體是否會產生危害，應留待專家研究。本文僅就公寓大廈住戶對於電信業者於大樓樓頂設立基地臺之權利義務作討論。

　　首先應探討的是，於大樓樓頂設立基地臺，究竟只要主任委員同意或管理委員會決議即可，還是須經區分所有權人會議決議呢？按照公寓大廈管理條例第八條第一款規定：「公寓大廈周圍上下、外牆面、樓頂平臺及不屬專有部分之防空避難設備，其變更構造、顏色、設置廣告物、鐵鋁窗或其他類似之行為，除應依法令規定辦理外，該公寓大廈規約另有規定或區分所有權人會議已

有決議，經向直轄市、縣（市）主管機關完成報備有案者，應受該規約或區分所有權人會議決議之限制。」依上開法條規定可知，至少應該經過區分所有權人會議決議通過，才能於樓頂平臺設立電信基地臺，絕非主任委員或管理委員會可自行決定。然而公寓大廈樓頂平臺設立電信基地臺除影響住戶對樓頂平臺之使用外，於電磁波對人體是否造成傷害尚未獲得答案之情形下，影響最深的莫過於頂樓之住戶，立法院有鑑於此，遂於九十二年年底修正通過公寓大廈管理條例第三十三條，並於九十二年十二月三十一日公布。依修正後公寓大廈管理條例第三十三條第一項第二款之規定：「區分所有權人會議之決議，未經依下列各款事項辦理者，不生效力：……二、公寓大廈外牆面、樓頂平臺，設置廣告物、無線電臺基地臺等類似強波發射設備或其他類似之行為，設置於屋頂者，應經頂層區分所有權人同意；設置其他樓層者，應經該樓層區分所有權人同意。該層住戶，並得參加區分所有權人會議陳述意見。」區分所有權人會議縱使決議於樓頂平臺設立電信基地臺，然而須得到頂樓之區分所有權人同意後始生效力。

　　須注意的是修正後之公寓大廈管理條例第三十三條第一項第二款，依同條例第六十三條規定：「本條例自公布日施行。」復以中央法規標準法第十三條規定：「法規明定自公布或發布日施行者，自公布或發布之日起算至第三日起發生效力。」是以公寓大廈管理條例第三十三條第一項第二款之生效日為九十三年一月二日，則在上開日期前已通過之樓頂平臺設立電信基地臺之決議，自毋須得到頂樓住戶之同意。

參考法條

　　公寓大廈管理條例第八條、第三十三條、第六十三條，中央法規標準
法第十三條

公寓之住戶可否於樓梯間或走廊通道堆放雜物或鞋櫃?

　　某甲係某公寓的住戶之一，因覺得樓梯間及走道滿寬的，應物盡其用，不然太可惜了，所以就堆放其鞋櫃、雜物等物品。由於此情形已影響隔壁住戶某乙之通行，某乙遂向其反映，希望能改善，未料某甲表示其有樓梯間及走廊通道所有權，某乙不可以干涉。試問：某乙該如何做呢?

　　樓梯間、走廊通道雖屬公寓大廈區分所有權人所共有，然而並不表示部分之區分所有權人就可以將門口附近之走廊通道及樓梯間據為己有。那麼樓梯間及走廊通道應如何使用及管理呢? 依公寓大廈管理條例第七條第二項規定:「公寓大廈共用部分不得獨立使用供做專有部分。其為下列各款者，並不得為約定專用部分:……二、連通數個專有部分之走廊或樓梯，及其通往室外之通路或門廳; 社區內各巷道、防火巷弄。……」是以樓梯間及走廊通道為公寓大廈共有部分，不得約定作專有部分，也不可以約定為專用部分供獨立使用，任何區分所有權人或住戶自不可以據為私有。何況占用樓梯間、走廊通道堆放雜物或鞋櫃，不僅破壞美觀，

造成環境髒亂，甚且於火災、地震發生時更阻礙逃生通道，造成住戶逃生不易，嚴重者更導致住戶因此傷亡，為防範此類憾事發生，公寓大廈管理條例第十六條第二項復規定：「住戶不得於私設通道、防火間隔、防火巷弄、開放空間、退縮空地、樓梯間、共同走廊、防空避難設備等處所堆置雜物、設置柵欄、門扇或營業使用，或違規私設廣告物或私設路障及停車位侵占巷道妨礙出入。……」是以樓梯間、走廊通道依法是不可以堆放雜物或鞋櫃的。

　　如果住戶有占用樓梯間、走廊通道放雜物或鞋櫃等之行為時，其他住戶可以按下列方法處理：㈠依公寓大廈管理條例第十六條第四項規定，得由管理負責人或管理委員會出面制止或按規約處理，經制止而不遵從者，得報請直轄市、縣（市）主管機關處理。㈡依公寓大廈管理條例第四十九條第一項第四款，由直轄市、縣（市）主管機關處新臺幣四萬元以上二十萬元以下罰緩，並得令其限期改善或履行義務；屆期不改或不履行者，得連續處罰。㈢對於屢勸不聽或連續犯等違反法令或規約情節重大者之住戶，得依公寓大廈管理條例第二十二條：「由管理負責人或管理委員會促請其改善，於三個月內仍未改善者，管理負責人或管理委員會得依區分所有權人會議之決議，訴請法院強制其遷離。前項之住戶如為區分所有權人時，管理負責人或管理委員會得依區分所有權人會議之決議，訴請法院命區分所有權人出讓其區分所有權及其基地所有權應有部分；於判決確定後三個月內不自行出讓並完成移轉登記手續者，管理負責人或管理委員會得聲請法院拍賣之。」㈣如果住戶堆放雜物或鞋櫃已阻塞逃生通道，致生危險於他人的

生命、身體或健康者，依據刑法第一百八十九條之二第一項後段規定：「阻塞集合住宅或共同使用大廈之逃生通道，致生危險於他人生命、身體或健康者，亦同。」可處三年以下有期徒刑。

參考法條

　　公寓大廈管理條例第七條、第十六條、第二十二條、第四十九條，刑法第一百八十九條之二

交通罰單開錯須由人民舉證?

我國汽、機車駕駛人接獲交通違規罰單的比例高居世界第一,有人在振興醫院生產,卻被指稱駕車出遊在北宜公路上違規;自小客車在金門行駛,卻在高雄違規;諸如此類的「烏龍」罰單層出不窮,是否有救濟方法?

按行政程序法第九十二條第一項規定:「本法所稱行政處分,係指行政機關就公法上具體事件所為之決定或其他公權力措施而對外直接發生法律效果之單方行政行為。」交通員警制單舉發道路交通違規的行為,本質上屬行政處分。在實務上常見員警攔停駕駛人,並以其目視結果認定駕駛人有交通違規事實,而據以開立交通罰單。受處分人在不服其處分下,循法定程序向地方法院聲明異議(道路交通管理處罰條例第八十七條)。然而法官在僅有罰單記載而無其他證據下,其大多以受處分人無法舉證證明該罰單所指的事實有誤,並以該罰單所認定的事實應受合法正確的推定,於是以該罰單所載事實已可證明為真實,而裁定駁回人民的異議。

然按民事訴訟法第三百五十五條第一項規定:「文書,依其程式及意旨得認作公文書者,推定為真正。」其所謂之文書證據力,

必該文書的作成為真正，且對於待證事實有證明價值而言，所以文書的證據力，有形式證據力與實質證據力的分別。文書必先有形式證據力，始足以判斷其實質證據力的存否。公文書推定為真正者，是指作成該文書的人確曾為文書內所記載的陳述或報告而言，此係屬公文書形式證據力推定真正的規定，對造就此推定如有爭執，自應由其反證推翻之。至於公文書所載內容與待證事實關係為何，其內容是否可信，則屬公文書的實質證據力問題，就此是由法院依自由心證判定該公文書的證據價值。民事訴訟法推定公文書為真正，僅及於其形式證據力而已，具有形式證據力的文書雖有高度可能被認定有實質證據力，惟此仍係在法院自由心證作用下所形成的事實認定結果，所以交通法庭於此仍應依法說明，其得該文書具有實質證據力的心證理由，否則即有裁定不備理由的違法而應於抗告中予以撤銷。

另罰單受合法正確的推定，其理由之一是源自傳統行政法學所謂的行政處分「公定力」概念。其指國家機關所為的行為，因對該行政法法律關係有決定效力，除有權機關予以撤銷或確認其無效外，應受適法的推定，任何人皆不得否定其效力。但是，此種以國家權威作為行政處分合法根據的見解，在現代法治觀念中，因其具有威權國家色彩而不符合民主法治國家的憲法精神，所以學者與實務早已主張不應再予援用。因此，交通法庭仍援用此早已被否定的公定力概念，而要求人民須先舉證證明罰單所載事實有誤的見解，顯然與民主法治國家原則不符，依法應由上級法院在抗告程序中予以撤銷。

在交通法庭駁回人民異議的裁定中,常以「基於公務員為公法上行為具有公信力之原則,該行政處分當可被推定為真正,其據以依法處分之事實認定亦為真正無誤」、「執勤警員本其維護交通秩序、安全職責所為之舉發,自應受到合法、正確之推定」等語,認為受處分人在舉證證明罰單有誤前,員警在無其他佐證證據下所開立的罰單,其所載事實應推定為真正的見解,顯然是以國家權威作為罰單合法的根據,其中充滿便宜行政的色彩,在高舉民主法治、人民主權下的我國,此實為人權法治上的一大諷刺。法院如想真正扮演人民權益捍衛者的角色,則應發揮其勇氣而令舉發員警就違規事實的存在負舉證責任,不應單憑罰單記載與該員警的證詞,即直接認定人民有違規事實,而強令人民就其未違規事實負舉證責任。

參考法條

行政程序法第九十二條,道路交通管理處罰條例第八十七條,民事訴訟法第三百五十五條

新吸金大法破功

一位自稱在美有一億美元資產的男子，涉嫌夥同多人成立基金會及多家公司，民眾只要繳交五千元入會費，就可終身享有每四十五天領五千元的回饋。該集團涉嫌以老鼠會方式招攬會員吸金，為取信民眾，要求會員先在銀行自行開戶存入會費，還有三十天的「冷靜期」，之後再決定要不要入會；而且成員還提供會員佣金，只要自行招募十名會員，就可以抽取會費的一成佣金。

按公平交易法第八條規定：「本法所稱多層次傳銷，謂就推廣或銷售之計畫或組織，參加人給付一定代價，以取得推廣、銷售商品或勞務及介紹他人參加之權利，並因而獲得佣金、獎金或其他經濟利益者而言。前項所稱給付一定代價，謂給付金錢、購買商品、提供勞務或負擔債務。本法所稱多層次傳銷事業，係指就多層次傳銷訂定營運計畫或組織，統籌規劃傳銷行為之事業。外國事業之參加人或第三人，引進該事業之多層次傳銷計畫或組織者，視為前項之多層次傳銷事業。……」有關多層次傳銷，首先令人聯想到的就是公平交易法的規定，而本條就是對於多層次傳銷所為的定義規定。

　　復按公平交易法第二十三條規定：「多層次傳銷，其參加人如取得佣金、獎金或其他經濟利益，主要係基於介紹他人加入，而非基於其所推廣或銷售商品或勞務之合理市價者，不得為之。」第三十五條第二項規定：「違反第二十三條規定者，處行為人三年以下有期徒刑、拘役或科或併科新臺幣一億元以下罰金。」第三十九條規定：「前四條之處罰，其他法律有較重之規定者，從其規定。」而刑法第三百三十九條並規定：「意圖為自己或第三人不法之所有，以詐術使人將本人或第三人之物交付者，處五年以下有期徒刑、拘役或科或併科一千元以下罰金。以前項方法得財產上不法之利益或使第三人得之者，亦同。前二項之未遂犯罰之。」同法第三百四十條規定：「以犯第三百三十九條之罪為常業者，處一年以上七年以下有期徒刑，得併科五萬元以下罰金。」所以，違反公平交易法上述規定，而單純以吸金為主要目的的多層次傳銷行為，也就是俗稱的以老鼠會方式招攬會員吸金者，負責人及其他業務相關人員就會遭公平交易法的刑罰規定處罰。但是，如果相關人員另涉有詐欺行為，而使人交付財物或其他財產上不法利益者，則應以常業詐欺罪處罰。

　　另按公平交易法第四十一條規定：「公平交易委員會對於違反本法規定之事業，得限期命其停止、改正其行為或採取必要更正措施，並得處新臺幣五萬元以上二千五百萬元以下罰鍰；逾期仍不停止、改正其行為或未採取必要更正措施者，得繼續限期命其停止、改正其行為或採取必要更正措施，並按次連續處新臺幣十萬元以上五千萬元以下罰鍰，至停止、改正其行為或採取必要更

正措施為止。」第四十二條第一項規定：「違反第二十三條規定者，除依第四十一條規定處分外，其情節重大者，並得命令解散、停止營業或勒令歇業。」因此，違反公平交易法上述規定者，不僅須負起刑事責任，而且另有行政罰的課處，並不是說負了刑事責任，就可免行政處罰的。

 **參考法條**

公平交易法第八條、第二十三條、第三十五條、第三十九條、第四十一條、第四十二條，刑法第三百三十九條、第三百四十條

◎ 和國家打官司——教戰手冊　王泓鑫／著

　　如果國家的作為侵害了人民，該怎麼辦？當代的憲政國家設有法院，讓人民的權利在受到國家侵害時，也可以和「國家」打官司，以便獲得補償、救濟、平反的機會。但你知道怎麼和國家打官司嗎？本書作者以深入淺出的方式，教你如何保障自己的權益，打一場漂亮的官司。

◎ 網路生活與法律　吳尚昆／著

　　在漫遊網路時，您是不是常對法律問題感到困惑？例如網路隱私、散播網路病毒、網路援交的刑事規範等等諸多可能的問題。本書以案例故事引導出各個爭點，並用淺顯易懂的文字作解析，破解這些法律難題；更一再強調法律不應成為科技進步與維護公共利益的阻礙，希望能進一步啟發讀者對於網路生活與法律的相關思考。

◎ 獵殺隱私時代——10 個讓你失去隱私的理由
錢世傑／著

　　近年來，隱私權的議題在臺灣逐漸開始受到重視，本書選擇了金融控股公司客戶資料處理、企業內部網路監控、垃圾電子郵件等十則熱門的議題，以輕鬆的筆調為您說明什麼是隱私權、您的隱私權在什麼情形下會受到侵害，以及在面臨這些侵害時要如何確保您自身的權益。

◎ 生活法律防身術　莊守禮／著

　　本書作者以從事法律服務及執業多年之經驗，彙整出生活中常見的法律問題，告訴您：當個快樂的債權人所必須注意的事項；和他人有票據往來時，怎樣保障自己的權利？擔任保證人、參加合會及處理車禍事件等等，應遵循什麼基本原則？認識法律其實並不難，只要多一點用心，就能逢凶化吉，甚至防患於未然。

◎ 房屋租賃　莊守禮／著

　　本書是以淺顯的陳述方式與豐富的內容，為沒正式學過法律的房東及房客編寫而成。生活化、口語化的用詞，針對房屋租賃的種種法律問題，提供了案例解說及解決之道，讓房東及房客們具備趨吉避凶的能力，藉此消弭社會上因租賃關係所生的各種糾紛。

◎ 消費生活與法律保護　許明德／著

　　俗話說：「吃虧就是佔便宜」，但在消費時吃了悶虧，自認倒楣絕對不是最好的方法！本書深入淺出地為您介紹「消費者保護法」及相關法規，並說明消費爭議的處理方式，讓您充分了解消費者應有的權益，兼具理論與實用，絕對是您保障自身權益的必備寶典！

◎ 怎樣保險最保險——認識人身保險契約

簡榮宗／著

　　保險制度具有分散風險、彌補損失以及儲蓄、節稅等功能，可說是現代人所不可或缺的理財及移轉風險方法。本書文字淺顯，並以案例介紹法院對保險契約常見糾紛之見解，相信必能使一般消費者以及保險從業人員對保險契約及法律規定有清楚之了解，對自我權益更有保障。

◎ 勞動法一百問　　陳金泉／著

　　本書以「常見問答集」(FAQ) 之型式編排，內容泰半取材自作者經辦之各類勞資爭訟案件，以及其個人網站歷年來所回覆七百餘則勞工法令問題之精要；全書共分十篇，計一一八則問答，約近十四萬言，希望能帶給勞資雙方行使權利義務時參考上之便利。

◎ 死會可以活標？　　王惠光／著

　　看到惡性倒會的報導，是否讓您對合會望之卻步？「死會可以活標」的說法又有多可信呢？合會是臺灣民間普遍存在的一種經濟互助組織，本書以淺顯易懂的提問與說明，介紹民法債篇中的相關規範，即使是從未接觸過合會的人，也能從中輕鬆學得參加合會所需的種種法律常識。